„Unter all den Dienern, die der Herr seiner Kirche gegeben hat, hat mich niemand so direkt, so konsequent und mit so einer großen Herausforderung ermutigt wie Martin Luther. Er ist einer der Titanen der Weltgeschichte – ein Mann, ohne den die Geschichte der Welt, so wie wir sie kennen, nicht erzählt werden könnte. Er war für mich ein Vorbild an christlicher Treue und Mut, an Standhaftigkeit in der Wahrheit angesichts von Schwierigkeiten und ein Beispiel für einen Christenmenschen. Luther war ein leidenschaftlicher Nachfolger des Herrn Jesus Christus, ein glücklicher Ehemann und ein eifriger Vater, ein Mann, dessen Herz eines Pastors uns alle demütigen sollte, und ein Mann, der bereit war, unter Einsatz seines Lebens für das Wort Gottes aufzustehen und nicht zu weichen. Dieses neue Buch von R.C. Sproul und Stephen J. Nichols ist eine wundervolle Einleitung zu Luther und seiner Theologie. Luther als Mensch zu kennen, bedeutet ihn als Theologen zu kennen. In diesem wichtigen Buch helfen uns Dr. Sproul und Dr. Nichols, Luther zu treffen und zu einer eigenen tieferen Verpflichtung gegenüber der Autorität der Schrift und der Genugsamkeit Christi allein zu kommen."

Dr. R. Albert Mohler Jr.
Präsident und Joseph Emerson Brown-Professor
für Christliche Theologie Southern Baptist
Theological Seminary, Louisville, KY. (USA)

# LUTHERS VERMÄCHTNIS

*Herausgegeben von R.C. Sproul und Stephen J. Nichols*

Reformation Trust Publishing
Ein Bereich von Ligonier Ministries, Orlando, FL (USA)

*Mit freundlicher Unterstützung von Ligonier Ministries*

# Impressum

Luthers Vermächtnis

D-Waldems
ISBN 978-3-943440-14-0

Übersetzung: Andreas Münch
Korrektur: Marianne Magnus
Cover & Satz: Xenia Klein – www.dcagentur.de
Druck: MCP

Die englische Originalausgabe erschien unter dem Titel:
The Legacy of Luther

Published by Reformation Trust Publishing
a division of Ligonier Ministries
421 Ligonier Court, Sanford, FL 32771
www.ligonier.org
www.reformationtrust.org

*„Ich hab nichts gemacht, ich hab das Wort lassen handeln."*[1]

– *Martin Luther*

# INHALTSVERZEICHNIS

## Teil II: Luthers Gedanken

# CHRONOLOGIE

| | |
|---|---|
| 1483 | Geboren in Eisleben am 10. November |
| 1492-1501 | Schulbesuch in Mansfeld, Magdeburg und Eisenach (Lateinschule, 1498-1501) |
| 1501-05 | Besuch der Universität in Erfurt; erhält das Bakkalaureat (1502), Magisterexamen (1505) |
| 1505 | Schwur während eines Gewitters am 2. Juli; Eintritt in den Augustinerorden |
| 1507 | Ordination |
| 1509 | Erhält den Baccalarius biblicus; beginnt Vorlesungen in Erfurt |
| 1510 | Pilgerreise nach Rom |
| 1511 | Übersiedlung zum Augustinerorden nach Wittenberg |
| 1512 | Erhält den Doktor der Theologie; wird berufen an die theologische Fakultät in Wittenberg |
| 1513-17 | Erste Vorlesungen zu den Psalmen, Römer-, Galater- und Hebräerbrief |
| 1517 | Anschlag der 95 Thesen an die Tür der Schlosskirche zu Wittenberg am 31. Oktober |
| 1518 | Heidelberger Disputation am 26. April |
| 1518 | Überprüft durch Kardinal Thomas Cajetan in Augsburg |
| 1518-19 | Mögliches Datum der Bekehrung |
| 1519 | Debatte mit Johann Eck in Leipzig vom 4.-14. Juli |

| | |
|---|---|
| 1520 | Schreibt *An den christlichen Adel deutscher Nation*, *Von der babylonischen Gefangenschaft der Kirche* und *Von der Freiheit eines Christenmenschen* |
| 1520 | Erhält *Exsurge Domine*, die päpstliche Bannandrohungsbulle, und wird exkommuniziert |
| 1521 | Erscheint vor dem Reichstag zu Worms vom 17.-18. April |
| 1521 | Wird im Mai vom Reichstag verbannt und als Irrlehrer und Gesetzloser verdammt |
| 1521-22 | Im Exil auf der Wartburg; übersetzt das Neue Testament ins Deutsche |
| 1522 | Kehrt nach Wittenberg zurück |
| 1524 | Veröffentlicht erstes Gesangbuch |
| 1525 | Die deutschen Bauernkriege |
| 1525 | Heiratet Katharina von Bora am 13. Juni |
| 1525 | Schreibt *Vom unfreien Willen* |
| 1527 | Eine Plage trifft Wittenberg; Luthers Haus wird zum Krankenhaus |
| 1527 | Schreibt *Eine feste Burg ist unser Gott* |
| 1529 | Besucht die Marburger Religionsgespräche vom 1.-4. Oktober |
| 1529 | Schreibt den *Kleinen Katechismus* |
| 1530 | Reichstage zu Augsburg; Luther kann nicht teilnehmen |
| 1534 | Veröffentlicht komplette deutsche Bibel |
| 1537 | Schreibt die Schmalkaldischen Artikel |

| | |
|---|---|
| 1543 | Schreibt *Von den Juden und ihren Lügen* |
| 1545 | Schreibt *Wider das Papsttum zu Rom, vom Teufel gestiftet* |
| 1546 | Predigt die letzte Predigt in Wittenberg am 17. Januar |
| 1546 | Stirbt in Eisleben am 18. Februar; wird in Wittenberg beerdigt |

# VORWORT

## JOHN MACARTHUR

Viele der Diskussionen, die heutzutage über Martin Luther geführt werden, konzentrieren sich auf seine Fehler anstatt auf seinen Glauben, und das ist traurig. Es ist ganz richtig, dass einige auffällige Flecken den Ruf des großen Reformators verunstalten. Seine krassesten Fehler sind auf eine beunruhigende Veranlagung zurückzuführen. Er schien von Natur zur Melancholie und zur Ungeduld zu neigen und besaß ein hitziges Temperament sowie eine scharfe Zunge. Sogar Luthers treueste Freunde erkannten diese Züge als ernsthafte Mängel. Auf der Beerdigung des Reformators merkte sein lebenslanger Freund und bestbekannter Kollege, Philipp Melanchthon, in seiner Lobrede an, dass Luther den Ruf besaß, „zu schroff zu sein“, und fügte dann hinzu: „ich werde nicht das Gegenteil behaupten.“

Es kann nicht geleugnet werden, dass Luther auch nur ein Mensch war. Tatsächlich müssen wir offen zugeben, dass einige von Luthers berüchtigtsten Übertretungen ernst zu nehmende Fehler waren. Wir sind z.B. zu Recht besorgt über seine Vorliebe für Skatologie und seinen Sarkasmus, der seine polemischen Schriften kennzeichnete und seinen Antisemitismus.[1] Es wäre töricht, so zu tun, als wenn diese Makel nicht existieren würden.

Aber schließlich war Luther auch ein Kind seiner Zeit. Es ist eine traurige Tatsache der Geschichte, dass unterschiedliche Sichtweisen verschiedener Kirchenbezirke, intolerante Meinungen und eine harsche Rhetorik nur allzu typische Merkmale für die Diskurse in der frühen Reformation waren – von allen Seiten der Debatte. Sir Thomas More, um ein Beispiel zu nennen, veröffentlichte eine hitzige Kritik an Luthers Lehren, die so voll von obszönen Beschimpfungen war, dass Schlüsselstellen aus Mores' anti-lutherischen Schriften unmöglich zu zitieren sind. Der englische Staatsmann gab Luther viele verunglimpfende Namen, tat ihn als einen Lügner ab, nannte ihn einen „tödlichen Clown", ein Schwein, einen Affen, einen Tollpatsch, „ein Stück Schorf" und einen „lausigen kleinen Mönch". (Ironischerweise wurde More von der römisch-katholischen Kirche heiliggesprochen und wird von denselben Kritikern hoch verehrt, die Luthers eigene maßlose Sprache zitieren, um den Reformator zu diskreditieren.)

1 Die Aussage, dass Luther ein Antisemit war, ist kontrovers. In diesem Zusammenhang verweisen wir auf Roland Bainton (auf den in diesem Buch mehrmals Bezug genommen wird): „... man muß sich darüber klar sein, was er anriet und warum. Seine Stellung war ausschließlich religiös bedingt und in keiner Weise rassisch. Die höchste Sünde war für ihn die halsstarrige Verwerfung von Gottes Offenbarung in Christus"; Roland Bainton, *Martin Luther – Rebell für den Glauben*, 2. Aufl. (München: Wilhelm Heyne Verlag GmbH & Co. KG, 1983), S. 402. Auch möchten wir auf ein Interview mit dem Rektor der Lutherischen-Theologischen Hochschule, dem Oberurseler Professor Dr. Werner Klän, hinweisen, der sagte: „Nochmals, auch wenn Luther im Gespräch mit reformatorisch überzeugten Landesfürsten die Zerstörung jüdischer Synagogen, die Verbrennung jüdischer Bücher und die Ausweisung von Juden aus deren Ländern fordert, so ist das keineswegs zu billigen. Aber: Luther war kein Antisemit. Er hat keine Rassenverfolgung und auch keine Ermordung der Juden gefordert"; http://www.taunus-zeitung.de/lokales/hochtaunus/vordertaunus/Hochschulrektor-bdquo-Luther-war-kein-Antisemit-ldquo;art48711,2446296. [Anm. d. Hrsg.].

Natürlich war Luther von einigen Marotten und dem Aberglauben, der die gesamte Kultur im Europa des 16. Jahrhunderts infizierte, beeinflusst. Er und seine Zeitgenossen standen alle sowohl mit einem Fuß im Mittelalter als auch in der Zeit der Aufklärung. Die Umgangssprache dieser Zeit war häufig derb und ging bis hin zum Obszönen – selbst in einem vermeintlich vornehmen Rahmen, wie z.B. in Gerichtssälen, Palästen und bei kirchlichen Treffen. Der Tod war immer eine drohende Gefahr. Die Gedanken waren voll von irrationalen Ängsten.

Tatsächlich wurzelten einige von Luthers meist verstörenden Unzulänglichkeiten in einem naiven und anhaltenden Festhalten an einem gewissen mittelalterlichen Aberglauben. Seine Obsession mit dem Teufel, seine Angst vor Zauberei und seine gelegentliche Leichtgläubigkeit in Bezug auf Monstergeschichten und Magie zeugen von einem Geist, der durch die Folklore seiner Zeit hin und hergeschwenkt wurde.

Nichtsdestotrotz wäre es extrem falsch, Martin Luther lediglich als einen Sklaven des Aberglaubens abzustempeln. Seine Opposition gegen das römisch-katholische System begann, als er die päpstliche Mythologie in Bezug auf die Reliquien und das luxuriöse Leben der Kirche verwarf (und öffentlich herausforderte). Insbesondere zielte er auf die Praxis der römisch-katholischen Kirche, sich den törichten Aberglauben der gewöhnlichen Leute zunutze zu machen. Jede objektive Betrachtung von Luthers Vermächtnis muss all dies berücksichtigen.

Luther selbst war sich darüber sehr im Klaren, dass er ein gefallener Mann mit sündigen Neigungen war. An seinen Freund Georg Spalatin schrieb er: „Ich kann nicht leugnen, dass ich heftiger bin, als ich sein sollte." Er erkannte an, dass sein Temperament und die Schärfe seiner Schreibfeder ihn manchmal „über die Schicklichkeit des Höflichen" hinausbrachten. Aber er bewegte sich auf einem schmalen Grat. Luther glaubte fest, dass es für ihn notwendig war, die rhetorischen Spitzfindigkeiten, welche die theologischen Debatten abwürgten, kritisch zu hinterfragen. Er kannte viele Männer in führenden Positionen innerhalb der Kirche, die deutlich und mit Verabscheuung die Korruption des Papsttums sahen und doch zu zaghaft waren, selbst die schlimmsten kirchlichen Irrtümer anzusprechen. Im selben Brief an Spalatin schrieb Luther: „Ich wundere mich, woher diese neue Religion kommt, in der *alles*, was man einem Gegner sagt, als Missbrauch abgestempelt wird."

Luthers bestbekannter und intellektuellster Gegner war Erasmus, der berühmte Humanist, Theologe und katholischer Priester. Als sich jemand bei ihm über Luthers Rauheit beschwerte, antwortete der katholische Gelehrte: „Aufgrund der Ausmaße der Unordnung gab Gott dieser Zeit einen gewaltigen Arzt."

Luther begegnete ehrlich seiner eigenen Sünde. Er suchte (und fand) Gnade und volle Vergebung in Christus alleine. Niemand hat jemals ernsthaft Luther der Unzüchtigkeit, Unehrlichkeit, Habgier oder einer anderen Manifestation von mutwilliger Lüsternheit beschuldigt, welche die Heilige Schrift als Schlüsselmerkmale für falsche Lehrer aufzeigt (2.Petr 2,17-22). Unvoreingenommene Leser der ursprünglichen historischen Fakten werden entdecken, dass Luther ein demütiger, großzügiger, gastfreundlicher und respektabler Mann von hohen Prinzipien war. Er besaß ein tief gehendes Mitgefühl, ein zartes Gewissen, eine unerschrockene Wahrhaftigkeit und (vor allem) eine Leidenschaft für Gott. Er wurde innig von denen geliebt, die ihm nahestanden, war allgemein bewundert von seinen Landsleuten und wurde selbst von den meisten seiner theologischen Gegnern sehr geschätzt (wenn auch widerwillig). In einem Brief an Kardinal Thomas Wolsey betonte Erasmus nachdrücklich, dass Luthers persönliches Leben und Verhalten über jeden Zweifel erhaben war.

Nichtsdestotrotz haben Luthers militante Gegner immer seine Fehler betont und übertrieben dargestellt. Einige haben sogar vermutet, dass er möglicherweise an einer mentalen Krankheit litt. Ein einfaches Lesen von Luthers Leben und seinen Schriften sollte jede ehrlich gesinnte Person vor dieser Neigung bewahren. Unglücklicherweise - wie es mit oft wiederholten Lügen so ist –, hat sich die langjährige und systematische Diffamierung von Luthers Charakter in den Köpfen vieler als Wahrheit eingenistet - insbesondere bei denjenigen, die sich nicht die Mühe machen, die Geschichte für sich selbst zu erforschen und demnach keine Ahnung davon haben wie Luther tatsächlich war.

Den wahren Martin Luther kennenzulernen ist nicht weiter schwierig. Nur das Leben von einigen Männern wurde, vor der Entwicklung der elektronischen Aufzeichnungstechnologie, sorgfältiger dokumentiert als das von Martin Luther. Praktisch alles, was er sagte, wurde pflichtbewusst von Luthers regelmäßigen Tischgästen und Studenten notiert und in Heften und Notizbüchern festgehalten. Selbst Nebensächlichkeiten aus privaten Gesprächen wurden niedergeschrieben und gesammelt. Diese Notizen waren ursprünglich für den Privatgebrauch gedacht. Aber zwei Jahrzehnte nach Luthers Tod wurde eine große Anthologie dieser Notizen aus unterschiedlichen Quellen gesammelt, editiert und in deutscher Sprache mit dem Titel *Tischreden* veröffentlicht. Dieses Werk füllt sechs Ausgaben in der Weimarer Ausgabe von Luthers Werken.

Die *Tischreden* sind ein faszinierendes Fenster, das uns einen Einblick in die Gedanken und die Persönlichkeit von Martin Luther gibt. Sein Witz, seine klaren Einsichten, seine Unverfrorenheit und die Stärke seiner Überzeugungen sind deutlich erkennbar. Er ist, so sollten wir es erwarten, leidenschaftlich, dogmatisch, redegewandt, provokativ und eifersüchtig im Hinblick auf die Wahrheit. Etwas überraschend ist, dass er ebenfalls freundlich, engagiert und sehr bewandert in vielen Themen war und erfüllt von gutmütigem Unfug. Anders als der junge Luther aus dem Kloster kommt der Luther der *Tischreden* zuversichtlich, gereift und sicher in seinem Glauben rüber. Er war sicherlich ein faszinierender Gastgeber.

Auf der anderen Seite sind die *Tischreden* die Quelle, von der die unangenehmsten Äußerungen und Meinungen herangezogen werden. Es muss bedacht werden, dass Luther selbst keinen Einfluss auf die Veröffentlichung der Tischreden hatte. Verschiedene Versionen dieses Werkes wurden von Luthers Freunden veröffentlicht, und wenn man sie miteinander vergleicht, wird deutlich, dass Luthers Aussagen stark von denen paraphrasiert und ausgeschmückt wurden, die die Sammlung erstellten. Es ist ebenfalls klar, dass Luther selbst nie beabsichtigt hatte, diese Kommentare zu veröffentlichen. Obwohl er immer bewusst provozierte, war der schreibende Luther weitaus bedachter als Luther, der Gastgeber.

Aber es ist aus den Einträgen der *Tischreden* nicht notwendigerweise ersichtlich, wann Luther scherzt, bewusst seine Sache übertreibt, sarkastisch spricht, den *Advocatus Diaboli* spielt oder einfach nur versucht, aus seinen Tischgästen etwas herauszulocken. Luthers Kritiker tendieren dazu, die *Tischreden* durch dieselbe kritische Linse zu lesen, die sie benutzen, um seine tiefsinnigeren Werke zu besprechen. Das ist Luther gegenüber nicht fair. Wenn unsere müßigen Gedanken aufgezeichnet und dem Urteil unser Gegner anheimfielen, dann würde es niemandem von uns gut gehen. Eines Tages werden wir Rechenschaft ablegen müssen für jede unbedachte Sache, die wir gesagt haben (Mt 12,36). Aber wir werden uns vor dem gerechten und barmherzigen Richter der ganzen Erde verantworten müssen und nicht vor einer unfairen oder feindseligen Jury von weltlichen Menschen.

Trotz all der Aufmerksamkeit, die seinen Fehlern gewidmet wird, wird Luthers unauslöschliches Vermächtnis immer ein Beispiel des Glaubens sein. Sein heroischer Mut, seine tiefe Leidenschaft, seine standhafte Integrität, sein ansteckender Eifer und all seine anderen Tugenden sind die Frucht seines Glaubens. Dieser eine Mann hatte einen Einfluss auf die Kirche und die Welt, von dem nach wie vor alle bibelgläubigen Christen heutzutage profitieren.

Luther hätte keine Ehre für sich selbst gesucht. Nach seinem eigenen Zeugnis schuldete er alles Christus. Die Geschichte seines Lebens bestätigt dieses Zeugnis. Die Bekehrung verwandelte Luther ganz und gar von einem ängstlichen und zaghaften Mönch in das Musterbeispiel eines zuversichtlichen und ansteckenden Gläubigen. Je mehr er die Opposition Roms erfuhr, desto mehr wurden seine biblischen Überzeugungen gefestigt. Alles Positive in Luthers Leben weist zurück auf die lebensverändernde Begegnung mit der Gerechtigkeit Gottes und der Herrlichkeit von Christus im Evangelium.

Natürlich können wir nicht alle unterschiedlichen Lehren Luthers bekräftigen. Praktisch niemand folgt Luthers Lehren sklavisch nach. Einige Punkte in Bezug auf seine

Lehre, bei denen ich anderer Meinung bin, sind bedeutsam. Aber bezüglich der Grundprinzipien der Wahrheit des Evangeliums – nämlich der Lehre von der Rechtfertigung aus Glauben allein – war Luther gesund und biblisch. Mehr als das, er war das Instrument, um diesen biblischen Grundsatz wiederzuentdecken, nachdem er so lange unter der Lawine der römischen Dogmen und päpstlichen Traditionen begraben lag. Des Weiteren hielt Luther an der Autorität der Schrift, dem Werk Jesu, der Kraft des Heiligen Geistes und den Verheißungen Gottes fest. Für seinen festen Standpunkt, mit dem er all diese Wahrheiten verteidigte, verdient er unsere tiefe Dankbarkeit und Anerkennung.

Daher freue ich mich sehr, diese Anthologie von Essays vorstellen zu können, um Luther an seinem 500-Jährigen Jubiläum zu ehren, der 1517 die 95 Thesen an die Tür der Schlosskirche zu Wittenberg nagelte. Es ist eine zeitige Erinnerung daran, dass die Kirche unserer Generation eine neue Reformation benötigt. Wir brauchen dringend jemanden wie Luther, um das Banner des Evangeliums zu heben, um weltliche Evangelikale aus ihrem blinden geistlichen Schlaf zu wecken und dem Teufel im Namen Christi den Krieg anzusagen.

*Einleitung*

# WARUM LUTHER HEUTE WICHTIG IST

R.C. SPROUL UND STEPHEN J. NICHOLS

Zwei völlig faszinierende Lutherstätten sind die Studierzimmer auf der Wartburg und im sogenannten Schwarzen Kloster (heute bekannt als Lutherhaus) in Wittenberg. Die Lage der Wartburg könnte nicht eindrucksvoller sein. Hoch thronend auf einem Berg überschaut die mittelalterliche Wartburg die Stadt Eisenach. Das Schloss wurde gebaut, um zu beeindrucken – und das tut es. Der eigentliche Raum, den Luther auf der Wartburg für seine Studien nutzte, ist ziemlich bescheiden. Ein einfacher Stuhl ergänzt einen dezenten Schreibtisch. Der Wirbel eines Elefanten diente als Fußstütze. Luther verbrachte hier, nach seiner inszenierten Entführung, mehrere Monate als „Gast". Touristen würden schnell an diesem Raum vorbeigehen, wenn es nicht um denjenigen gehen würde, der ihn bewohnte, und darum, was dieser Bewohner in einigen wenigen Monaten leistete.

Eine ähnliche Wirkung besitzt das augustinische Schwarze Kloster in Wittenberg. Die Stadt Wittenberg versagt nicht darin zu beeindrucken und das Kloster, ebenfalls ein mittelalterliches Bauwerk, gebietet Beachtung. Das Studierzimmer jedoch ist schlicht. Einfach ausgestattet und eingerichtet würde man diesen Raum ebenfalls übersehen, ginge es nicht darum, was Luther an diesem Ort erreichte. Hier verbrachte Luther, im Gegensatz zu den wenigen Monaten auf der Wartburg, Jahrzehnte.

Niemand kann die Bedeutung dieser beiden Studierzimmer und die Bedeutung von Luthers Vermächtnis überbewerten. Wenn Sie die „Kommandozentrale“ der Reformation identifizieren sollten, dann bräuchten Sie nichts weiter zu tun, als diese zwei Räume anzuführen, insbesondere Luthers Studierstube in Wittenberg. Was in diesen beiden Studierzimmern geschah, veränderte den Lauf der Geschichte.

Fünfhundert Jahre nachdem Luther seine 95 Thesen an die Tür der Schlosskirche zu Wittenberg nagelte, lebt sein Vermächtnis weiter fort. Er tat jedoch weitaus mehr, als nur die 95 Thesen zu schreiben und anzuschlagen. Er lieh ungefähr dreißig Jahre seines Lebens der Sache der Reformation. Er schrieb Schriften über Schriften, Unmengen von Briefen, Abhandlungen, Predigtbänden – praktisch eine Unmenge an Literatur. Während seiner Karriere als Professor bildete er Tausende von Studenten aus und hielt mehrere tausend Predigten während seiner Laufbahn als Pastor. Männer, die in Wittenberg ausgebildet wurden, trugen die Reformation mit sich zu weit entfernten Orten. Seine Hymnen erschallen weiterhin in der ganzen Welt, in Sprachen, die dem deutschen Mönch unbekannt waren.

Die deutsche Bibel muss ebenfalls berücksichtigt werden. Während er auf der Wartburg war, arbeitete Luther am Neuen Testament. Später, in Wittenberg, folgte die Übersetzung des Alten Testaments. Heute führt Luthers

Übersetzung deutschsprachige Menschen immer noch zu den Worten des ewigen Lebens.

Das Vermächtnis von Martin Luther ist gewaltig und vielgestaltig. Dieses Buch möchte ein Versuch sein, dieses Vermächtnis kurz zusammenzufassen. Es ist sowohl für diejenigen geschrieben, die wenig Wissen von ihm besitzen, als auch für diejenigen, die ihn sehr gut kennen.

Die Kapitel sind in zwei Kategorien eingeteilt:

Teil I: Luthers Leben
Teil II: Luthers Gedanken

Drei Kapitel entfalten Luthers Leben. Das erste, von Stephen J. Nichols, betrachtet sowohl die Begebenheiten, die zum bedeutsamen Moment am 31. Oktober 1517 führten, als auch die unmittelbaren Ereignisse nach dem Anschlag der 95 Thesen. Kapitel zwei umfasst das erste und prägende Jahrzehnt der Reformation. Steven J. Lawson beleuchtet die 1520er Jahre, ein sehr ausgefülltes Jahrzehnt für Luther.

Die Lutherfilme von 1953 und 2003 enden mit dem Reichstag in Augsburg und dem Augsburger Bekenntnis. Aber Luther lebte und arbeitete auch nach diesen Ereignissen weiter. Sein erschöpfter Körper wurde alt und er litt viel in seinem späteren Leben. Dennoch blieb er treu. David B. Calhoun hilft uns dabei, diese späten Jahre aus Luthers Leben nicht zu vergessen.

Teil II: Luthers Gedanken fasst Luthers Werke und Schriften zusammen. Sinclair B. Ferguson entfaltet Luthers Gedanken über die Errettung in Kapitel vier. Er hilft uns zu sehen, dass wir täglich in unserem Christenleben kämpfen, aber auch, dass wir mit jenen Ressourcen kämpfen dürfen, die uns durch unsere Vereinigung mit Christus zur

Verfügung stehen. Wir leben dieses Leben durch Gnade. W. Robert Godfrey richtet unsere Aufmerksamkeit als Nächstes auf ein Thema, mit dem Luther sehr vertraut war: der Lehre von der Kirche. In Kapitel fünf sehen wir, wie der Pfeiler der Reformation des *solus Christus* uns dahin führt, über die Kirche nachzudenken. Teil II schließt mit einem Blick auf Luther auf der Kanzel. Derek W.H. Thomas zeigt auf, wie zentral die Predigt für die Reformation war und wie zentral Luther für die Entwicklung der Predigt in der Reformation war. In Luthers Predigten sehen wir theologische Überzeugungen und evangelistischen Eifer. Diese Art der Predigt führte zur Reformation und Transformation im 16. Jahrhundert. Sie kann dasselbe im 21. Jahrhundert vollbringen.

Dieser Gang durch Luthers Leben, Gedanken und Vermächtnis endet mit einer Reflexion von R.C. Sproul. Hier sehen wir einen pastoralen Theologen, der den Einfluss eines pastoralen „Pastor"-Theologen reflektiert. Wir werden daran erinnert, oder erfahren vielleicht zum ersten Mal, wie tief Luthers pastorale Gedanken waren. Der Anschlag der 95 Thesen war keine rein akademische Übung. Diese Thesen waren durch ein tiefes pastorales Anliegen motiviert, wie auch der Rest von Luthers Schriften und Anstrengungen.

Luther wurde von Gott vor fünf Jahrhunderten gebraucht. Natürlich wäre er der Erste, der uns daran erinnern würde, dass er selbst gar nichts ausgerichtet hatte. Er trat zur Seite und ließ das Wort Gottes alles tun. Und das wollen wir aus diesen Kapiteln und diesem Buch mitnehmen. Mit Luther haben wir ein Beispiel von jemanden gefunden, der auf den Überzeugungen von Gottes Wort stand. Wir sehen das Beispiel von jemandem, der alles, jede vorherrschende Vorstellung seiner Zeit, durch das Raster von Gottes Wort prüfte. Das Resultat war eine Revolution, eine Reformation. Das

Ergebnis war ein Vermächtnis, das auch nach fünf Jahrhunderten noch fortbesteht. Die Moral von dieser Geschichte ist klar. Wenn die Kirche heute genauso vertrauensvoll auf den Überzeugungen von Gottes Wort steht, wenn die Kirche heute ebenfalls alles durch das Raster von Gottes Wort prüft, dann wird Gott unsere Arbeit mit Treue segnen und unser Erbe wird ebenfalls fruchtbar sein. Ich vermute, dass Luther bei seiner Ehrung auch solch ein Bestreben für sich selbst und für diejenigen hätte, die dieses Buch lesen.

> Denn gleichwie der Regen und der Schnee vom Himmel fällt und nicht wieder dahin zurückkehrt, bis er die Erde getränkt und befruchtet und zum Grünen gebracht hat und dem Sämann Samen gegeben hat und Brot dem, der ißt – genauso soll auch mein Wort sein, das aus meinem Mund hervorgeht: es wird nicht leer zu mir zurückkehren, sondern es wird ausrichten, was mir gefällt, und durchführen, wozu ich es gesandt habe! (Jesaja 55,10-11)

Teil I:

# LUTHERS LEBEN

*Kapitel 1*

# EIN GNÄDIGER GOTT UND EIN NEUROTISCHER MÖNCH: DAS JAHR, MIT DEM ALLES BEGANN

STEPHEN J. NICHOLS

Am 17. Januar 1546 predigte Martin Luther von der Kanzel der Schlosskirche in Wittenberg. Es sollte seine letzte Predigt sein. Am selben Tag schrieb er einem Freund. Er beschwerte sich über die Gebrechlichkeit seines Alters: „Ich alter, abgelebter, fauler, müder, kalter und dazu einäugiger schreibe jetzt." Dann seufzte er: „Und da ich meine, man solle mir Halbverstorbenen billig Ruhe lassen, so geht's, als ob ich niemals etwas geschrieben, geredet und getan hätte, dass ich mit Schreiben, Reden, Tun und Dulden überhäuft werde."[2] Er sollte jedoch nicht in Frieden gehen.

Luthers Heimatstadt Eisleben sah sich einer Krise gegenüber. Ein Disput bedrohte die zivile und sogar die kirchliche Ordnung. Erschöpft wie er war, entschied sich Luther in seine Heimatstadt zu reisen, um den Disput zu schlichten. Er zog, gemeinsam mit seinen drei Söhnen und einigen Dienern, von Wittenberg aus. Zuerst schafften sie es bis nach Halle. Eis und Stürme verwandelten die Überquerung der Flüsse in ein Wagnis. In seinem Einfallsreichtum benannte Luther die Eisbrocken, die gefährlich gegen ihre Fähre trieben, abwechselnd nach seinen Gegnern aus den Wiedertäufern, nach den römisch-katholischen Bischöfen und dem Papst. Er mag halb tot gewesen sein, aber sein Humor war noch völlig intakt.

Halle war die Heimat von Luthers langjährigem Mitarbeiter, Dr. Justus Jonas. Seit der Debatte in Leipzig, im Jahre 1519, war Jonas einer von Luthers engsten Nachfolgern. Jonas stand ihm auf dem Reichstag zu Worms bei. Während Luther auf der Wartburg im Exil war, führte Jonas die Reformation in Wittenberg weiter. Nun sollte Jonas ihn auf seiner letzten Reise begleiten.

Luther und seine vergrößerte Reisegesellschaft zogen triumphal in Eisleben ein. Der Held der Heimat wurde von applaudierenden Massen willkommen geheißen und mit einer Kavalkade eskortiert. Er predigte an diesem Sonntag, dem 31. Januar.

Aber die Reise forderte ihren Tribut. Luther schrieb an seine geliebte Käthe von bitteren Winden und frostigem Regen, ganz abgesehen von den gefährlichen Eisbrocken. Luther war schwer krank. Ein direkt vor Luthers Räumen außer Kontrolle geratenes Feuer bedrohte ebenfalls sein Leben. Sein Zimmer selbst war unsicher. Der Putz fiel von den Wänden und einige Steine lösten sich von der Wand. Ein Stein, der nach dem Bericht so groß wie ein Kissen war, fiel ihm fast auf den Kopf. Diese Missgeschicke gaben Käthe zu Hause genug Gründe, besorgt zu sein. Sie verfasste Briefe voll von Bedenken. So schrieb Luther ihr zurück, ließ sie wissen, dass er sie vermisste, und fügte hinzu: „Ich habe einen Pfleger, der besser ist als du oder all die Engel; er liegt in der Wiege und ruht am Busen der Jungfrau, und dennoch sitzt er zur Rechten Gottes, des allmächtigen Vaters."[3]

Luther schrieb diese Worte am 7. Februar. Elf Tage später starb er. Eisleben, seine Geburtsstätte, wurde ebenfalls seine Ruhestätte. Justus Jonas hielt die Trauerpredigt. Die Menge ergoss sich aus der Kirche und füllte den Platz. Luthers drei Söhne sollten den Leichnam ihres Vaters nach Wittenberg überführen, wo noch mehr Massen sich versammelten, um ihm die letzte Ehre zu erweisen.

Kurz bevor er starb, predigte Luther von seinem Totenbett aus, was seine letzte Predigt werden sollte. Die „Predigt" beinhaltete ein einfaches Zitat aus zwei Texten: einer aus den Psalmen und der andere aus einem Evangelium. Luther zitierte Psalm 68,20: „Gepriesen sei der Herr! Tag für Tag trägt er unsere Last, Gott ist unser Heil!" Dann zitierte er Johannes 3,16. Unser Gott ist tatsächlich ein Gott des Heils und dieses Heil kommt durch das Werk seines Sohnes. Luther konnte Frieden haben, obwohl er körperlich verfallen und umgeben von Konflikten war.

Luther hatte nicht immer Frieden und er dachte nicht immer von Gott als von dem Gott des Heils. Anfänglich hatte er Angst vor Gott. An einem Punkt murmelte er sogar, dass er Gott hasse. Während der ersten Jahrzehnte seines Lebens war er ängstlich. In diesen Jahren bestand sein Leben mehr aus Kämpfen als aus Ruhe. Vor seinem „reformatorischen Durchbruch" und seiner Bekehrung, die sich vermutlich 1519 ereigneten, war er zutiefst beunruhigt. Luthers Leben in Eisleben begann in Dunkelheit. Dort fand sein Leben ein Ende in dem vollen Licht des Evangeliums. Aber diese Reise und Geschichte ist so viel größer als ein einziger Mann. Diese einzigartige Geschichte beeinflusste die gesamte Menschheitsgeschichte.

Als Luther am 10. November 1483 in Eisleben geboren wurde, gab es nur zwei Optionen: Eine Person konnte entweder den Wegen der römisch-katholischen Kirche folgen oder ein Heide sein. Als Luther am 18. Februar 1546 starb, gab es eine neue Kirche in England. Es gab eine neue Kirche in den Schweizer Stadtstaaten. Und es gab eine neue Kirche in seinem Heimatland Deutschland. Zwei Prinzipien unterschieden diese Kirchen von der Kirche Roms. Das erste Prinzip betraf die Heilige Schrift, während das zweite die Lehre des Heils betraf, insbesondere die Lehre der Rechtfertigung. Diese beiden Auffassungen drücken die Essenz der reformatorischen Theologie aus.

Dieses Essay erzählt die Geschichte von Luthers Reise von der Dunkelheit zum Licht, einer Reise, die ihn von Eisleben zu seinem heldenhaften Widerstand nach Worms führte. Es ist eine theologische Reise, eine Reise hin zu den Grundpfeilern der Reformation, des *sola Scriptura* und *sola fide*. Es ist ebenfalls eine literarische Reise, mit einigen Schlüsselstationen entlang des Weges. Insbesondere sechs Plätze ragen während dieser frühen Jahre Martin Luthers hervor, angefangen bei seiner Geburt in Eisleben 1483 bis hin zu seiner Stellungnahme vor dem Reichstag zu Worms im Jahre 1521: Eisleben, Erfurt, Rom, Wittenberg, Heidelberg und Leipzig. Jede Stadt repräsentiert einen Meilenstein, nicht nur auf Luthers Reise hinaus aus der Dunkelheit, sondern auch in der Geschichte der Reformation selbst.

## Eisleben: Die Geburtsstadt

Hans und Margarethe Luder hießen ihr erstes Kind, einen Sohn, am 10. November 1483 willkommen. Am nächsten Tag brachten sie ihn zur Kirche, um ihn taufen zu lassen.

Der 11. November war der Gedenktag des Heiligen Martin von Tours, dem römischen Soldaten aus dem 4. Jahrhundert, der zum Mönch und Bischof wurde. Also verließ das junge Paar die Kirche mit ihrem Baby, das auf den Namen Martin Luder getauft wurde.

Hans Luder verließ das Gehöft seiner Familie, um, so hoffte er, sein Glück in der boomenden Industrie der Kupferminen zu finden. Er war das, was wir heute einen Unternehmer nennen würden. Er setzte das wenige Geld, das sie besaßen, ein und erwarb die Rechte für eine Mine, um dann dort unermüdlich zu arbeiten, beständig in der Erwartung, daraus einen Profit zu erzielen. Er nahm sogar noch einen zweiten Job an, indem er eine andere Mine verwaltete. Sein Geschäft und seine Beharrlichkeit zahlten sich aus und brachten ihm einen gewissen Grad an Ansehen in der Stadt ein. Währenddessen verwaltete Margarethe das Haus. Ohne es mit Bestimmtheit zu wissen, glauben Historiker, dass Luther acht Geschwister hatte. Kurz nach Martins Geburt zog die Familie nach Mansfeld.

Als der Älteste und der Erstgeborene fiel es an Martin Luder, seiner Familie vorzustehen. Es lag an Martin, die Familie auf die nächste Stufe der sozialen und ökonomischen Leiter zu führen. Seine Eltern arbeiteten hart, sodass sie ihm die Ausbildung und die Möglichkeiten geben konnten, die sie selbst nie hatten.

Gemäß der damaligen Sitte besuchte der junge Martin gemeinsam mit seiner Familie die Messe und empfing die Eucharistie (die Hostie, nicht den Kelch, wie es damals üblich war). Die Familie Luder besaß vermutlich traditionsgemäß einen Familienschrein, fokussiert auf die Heilige Anna, die Mutter der Jungfrau Maria. Wahrscheinlich waren sie genauso religiös wie die Nachbarfamilie auch.

Die Evangelien berichten nichts von Marias Mutter. Aber das hielt die Traditionen nicht auf. Im zweiten Jahrhundert zirkulierte ein apokrypher Text mit dem Namen *Das Protoevangelium des Jakobus*, geschrieben um 150 n.Chr., der angebliche Details aus Marias Kindheit und Leben enthielt und der ihre Mutter als Anna identifizierte. Die Kirche sollte diesen Text als reine Fiktion verwerfen. Dennoch hielt das die Traditionen nicht auf. Im Spätmittelalter war die Heilige Anna die Schutzpatronin der Minenarbeiter geworden. Es wurde gesagt, dass ihr Leib die Quelle von zwei großen Juwelen war – von Maria und später, entstanden aus Marias Leib, von Jesus. Dieser Glaube, der mehr mit Aberglauben als mit Theologie im Sinn hatte, besagte, dass die Verehrung der Heiligen Anne denjenigen Schutz und Reichtum geben würde, die Juwelen und Schätze aus den Minen zutage förderten. Das war das theologische und spirituelle Umfeld des jungen Martin.

Martin Luders erster Schulbesuch fand in der Stadtschule in Mansfeld statt. Um sein vierzehntes Lebensjahr herum verließ er Mansfeld, um in Magdeburg zur Schule zu gehen. Anschließend machte er sich auf den Weg nach Eisenach. Seine Mutter kam aus Eisenach und sie hatten dort noch immer Verwandte. Martin konnte gelegentlich seine Mahlzeiten in einem ihrer Häuser einnehmen.

Eisenach sollte später eine wichtige Rolle in Luthers Erwachsenenleben spielen. Die Wartburg überragte die Stadt Eisenach. Auf der Wartburg nahm Luther den Namen *Junker Jörg* an, während er sich vor den Nachwirkungen des Reichstags zu Worms und seiner inszenierten Entführung versteckte. Das war 1521. Aber in den 1490er Jahren waren Worms und sein angenommener Name noch weit entfernt.

## Erfurt: Luther wird Mönch

Während seiner frühen Lehrkurse, zeichnete sich der junge Martin aus und unterschied sich damit von seinen Klassenkameraden. Diese Errungenschaften öffneten ihm die Tür für ein Studium der Rechte in Erfurt. Als Luther dort anfing, war die Universität bereits über hundert Jahre alt. Die Stadt, mit einer Einwohnerzahl von ungefähr zwanzigtausend Menschen, besaß Industrie, Handel und ein ausgeweitetes Netzwerk von Mönchsklostern und Kirchen. Um das Jahr 1502 erwarb er den Baccalaureus. Drei Jahre später schloss er das Studium mit „Magister Artium" ab. Er nahm ebenfalls eine latinisierte Form seines Nachnamens an. Er war nun Martin Luther. Er blieb in Erfurt und bereitete sich auf seinen Doktor in Jura vor.

Inmitten all dieser akademischen Errungenschaften erlebte Luther intensive Kämpfe in seiner Seele. Egal wie viel Erfolg er verbuchen konnte, so konnte er den Anfechtungen, die er fühlte, nicht entkommen. Roland Bainton schreibt: „Für solche Erfahrungen hatte er ein Wort, das unverändert in die moderne Sprache übernommen werden sollte, das Wort ‚Anfechtung' – eine Übersetzung des lateinischen *tentatio*, aber unsagbar tiefer und reicher. Es bedeutet so viel wie die gottgesandte Prüfung, die den Menschen erproben will, als auch den Angriff des Teufels, der ihn vernichten möchte."[4] Wie seine Zeitgenossen auch betrachtete Luther Spiritualität und Erlösung als einen Wettkampf zwischen den Sünden und Verdiensten. Und es war ein Wettbewerb, den er beinahe immer verlor.

Im Sommer 1505 reiste Luther für einen längeren Besuch nach Hause zu seiner Familie in Mansfeld. Auf seinem Rückweg nach Erfurt geriet er in ein gewaltiges Gewitter. Er vermutete, dass dieser Sturm Gottes Gericht über seine Seele war. Während er bei seiner Familie zu Hause war, verbrachte er wahrscheinlich viel Zeit vor dem Familienaltar, dem Schrein der Heiligen Anna. Nun, in den Klauen des Sturmes, schrie er zu ihr: „Hilf du, Heilige Anna! Ich will ein Mönch werden!“ Sie war die einzige Mittlerin, die er kannte.

Ein Stein, im Osten von Stotternheim, markiert den Platz. Luthers Bitte an die Heilige Anna war anscheinend in Granit gemeißelt. Als Luther den Sturm überlebte und zurück nach Erfurt kam, hielt er sein Versprechen. Er kehrte der Juristenwelt den Rücken und wurde Mönch.

Viele Jahre später schrieb Luther und bekannte, dass, wenn es jemals einen Mönch gab, der aufgrund von frommer Pflichtübung in den Himmel käme, er dieser Mönch sei. Er ließ seine Seelenkämpfe nicht zurück, als er ins Kloster eintrat. Sie folgten ihm und in der Tat verstärkten sie sich. Er bekannte später: „Wahr ist's, ein frommer Mönch bin ich gewesen und hab mich so gestrenge an meinen Orden gehalten, dass ich sagen darf: Ist je ein Mönch gen Himmel gekommen durch Möncherei, so wollt ich auch hineingekommen sein. Das werden mir bezeugen alle meine Klostergesellen, die mich gekannt haben, denn ich hätte mich, wo es länger gewähret hätte, zu Tode gemartert mit Wachen, Beten, Lesen und anderer Arbeit.“

Johann von Staupitz war Generalvikar des Augustinerordens in Deutschland. Berichte von Luthers legendären Kämpfen im Kloster gelangten schließlich zu Staupitz, der ein Interesse an diesem ernsten und intensiven jungen Mönch zeigte. Staupitz bewegte sich bereits von einigen der Betonungen des mittelalterlichen römischen Katholizismus weg und er pflegte Luthers anhaltendes Interesse an den Schriften Augustins.[5] Staupitz war ebenfalls tief um Luther in dessen geistlichen Kämpfen besorgt. Als er Luthers akademische Fähigkeiten erkannte, sandte Staupitz ihn zum Studium der Bibelwissenschaften und der Theologie nach Wittenberg. Luther erwarb den Grad des Baccalaureus biblicus im Jahre 1509, dann kehrte er nach Erfurt zurück, um dort zu unterrichten. Doch trotz der Ablenkungen des akademischen Lebens wichen seine Kämpfe nicht.

## Rom: Die Heilige Stadt, Wunder der Künste oder Jahrmarkt der Eitelkeiten?

1510 entschied sich Staupitz, Luther auf eine Pilgerreise nach Rom zu schicken. Der Augustinerorden und die Klöster in Erfurt mussten ihre Referenzen erneuern lassen. Staupitz dachte, dass dies eine feine Gelegenheit wäre, Luther von seinen Anfechtungen zu heilen. Wie sich herausstellte, hatte sich Staupitz verkalkuliert.

Rom spielt im Neuen Testament eine bedeutende Rolle. Paulus verbrachte dort seine letzten Jahre, und wie die Kirchentradition berichtet, starb er dort als Märtyrer. Dasselbe geschah mit Petrus. Das Kronjuwel des Neuen Testamentes ist der Römerbrief. Rom war die Hauptstadt eines großen Imperiums. Natürlich steigerte sich über die Jahrhunderte der Status Roms wie auch der Status des Bischofs von Rom. Nicht mehr länger nur einer von vielen hundert Bischöfen, lieh sich der Bischof von Rom schließlich den Titel der Cäsaren: *pontifex maximus*, der oberste Priester.

Der amtierende Papst während Luthers Besuch, Julius II., war ein Patron der Künste. Er ordnete den Wiederaufbau des Petersdoms an. Bis zu diesem Zeitpunkt diente die Basilika St. Johann im Lateran als das Zentrum der Kirche oder als die „ökumenische Mutter". Papst Julius II. richtete seine Blicke auf den Petersdom, jenseits des Tiber. Julius beauftragte ebenfalls Michelangelo mit der Bemalung der

Gewölbedecke der Sixtinischen Kapelle, ein Projekt, das von 1508 bis 1512 dauerte und mit Luthers Besuch zusammenfiel. Die Kardinäle um Rom herum waren ebenfalls eifrig mit dem Bau ihrer eigenen Paläste und Kathedralen beschäftigt. Kirchliche Amtsträger riefen ebenfalls Raphael und eine Schar von anderen Künstlern herbei, um Wände und Decken zu schmücken, Gebäude zu entwerfen und Skulpturen zu errichten.

1510 war Rom zu einem Wunder der Künste in der ganzen westlichen Welt geworden. Es war ebenfalls eine Stadt mit sehr viel Ausschweifung. Ein Historiker beschreibt die Stadt auf diese Weise: „Das Leben der römischen High Society, sowohl der weltlichen als auch der kirchlichen, war insgesamt geprägt von einem Geist der Weltlichkeit, der moralischen Lauheit und des pompösen Reichtums, beständig sich drehend in einem endlosen Kreis aus Banketten, Partys und Jagden.“[6] Und im Jahre 1510 reiste Luther dorthin.

Rom war grob 1200 Kilometer direkt in südlicher Richtung von Erfurt entfernt. Auf seinem Weg musste Luther an vielen Klöstern anhalten. Diese Klöster waren strategisch platziert, um Pilger zu beherbergen, während diese sich aus ganz Europa aufmachten, um den Heiligen Stuhl zu besuchen. Luther muss unterwegs viele Schreine besucht haben, und er hat wahrscheinlich die meisten seiner Pilgerstunden in gebetserfüllter Betrachtung und Meditation verbracht – alles als Teil der Vorbereitung seines Besuches in der Heiligen Stadt. Er überquerte die Alpen über Deutschland, kam in die Schweizer Stadtstaaten und schließlich nach Italien. Als er Rom erreichte, ging er durch das Tor der Aurelianischen Mauer über die Piazza del Popolo, einen öffentlichen Platz im Norden Roms. Zu der Zeit, als sich Luther seinen

Weg zur Basilika St. Johann im Lateran bahnte, hatte er wahrscheinlich genug gesehen, dass sich ihm der Magen umdrehte. Prostituierte, öffentliches unzüchtiges Verhalten sowie Hausierer von allerlei Waren mussten ihn entlang der Straßen aus Kopfsteinpflaster belästigt haben.[7]

Einer der Schwerpunkte der Pilger in Rom war die *scala sancta* (Heilige Treppe). Hier erreichte Luthers Ernüchterung ihren Höhepunkt. Von diesen achtundzwanzig Marmorstufen glaubte man, dass sie genau die Stufen waren, die einst zum Prätorium von Pontius Pilatus in Jerusalem führten – dieselben Stufen, die Jesus auf seinem Passionsweg hinaufging. Der Imperator Konstantin hatte sie nach Rom überführt als ein Geschenk an seine recht fromme Mutter Helena. Heute befinden sie sich in einem eigenen Gebäude gegenüber der Lateranbasilika. 1510 befand sich am Fuß der Treppe ein Tisch, an dem die Priester Münzen einsammelten und Ablässe erteilten. Nachdem die Pilger ein paar Münzen losgeworden waren, erklommen sie die Stufen auf ihren Knien, während sie den Rosenkranz beteten und hinauf- und herunterkletterten. Luther wartete, bis er an der Reihe war, und schloss sich dann dem Strom von reuigen Pilgern an.

Als Luther oben angekommen war, begrüßte ihn kein geistliches Erwachen. Keine Wellen des Friedens rollten sanft über seine Seele. Alles, was er sagen konnte, war: „Wer weiß, ob es wahr ist?“[8] Jahre später hatte er eine viel schärfere Kritik für Rom übrig: „Diese Stadt ist zu einer Hure geworden.“ Er ging so weit zu sagen, dass er es nicht glauben würde, wenn er es nicht selbst gesehen hätte. Unnötig zu sagen, dass Staupitz keinen günstigen Bericht erhielt und sein junger Schützling immer weiter abdriftete. Dem neurotischen Mönch ging es immer schlechter.

## Wittenberg: Quelle der Reformation

In seiner Verzweiflung sandte Staupitz Luther zurück nach Wittenberg, damit er weiter studierte. Er trat im Jahre 1511 in das Schwarze Kloster des Augustinerordens. Er schloss seine Doktoralstudien ab. Um sich für seinen Doktor zu qualifizieren, musste er den herausragendsten theologischen Text seiner Tage beherrschen, nämlich Petrus Lombardus' *Sentenzen*. Dieser Text hatte einen tiefen und weitreichenden Einfluss auf Luther, aber der Einfluss kam nicht durch Lombardus' Lehren oder dessen Schlussfolgerungen. Tatsächlich rührte der Einfluss von einer Person her, die Lombardus zitierte: Augustinus. B.B. Warfield sollte später sagen, dass die Reformation nichts anderes war als die Wiederentdeckung von Augustinus' Lehre vom Heil.[9] Nachdem Luther seinen Doktor erhalten hatte, nahm er seinen Platz in der theologischen Fakultät der Universität von Wittenberg ein.

Dank seiner Auseinandersetzung mit Augustinus, ging Luther in Bezug auf sein Sündenverständnis einen Schritt vor und zwei zurück. Er erkannte, dass unser Problem nicht in unseren *Sünden*, im pluralen Sinne, besteht. Dieses mengenmäßige Messen von Sünde führt uns zum Herzen der Verdunklung des Evangeliums im spätmittelalterlichen römischen Katholizismus. Wenn Sünde mengenmäßig betrachtet wird, dann schauen wir auf Verdienste oder Gnadengaben als das Heilmittel. Die Taufe sühnt nach römisch-katholischer Lehre für die Erbsünde oder die Sünde Adams, die uns zugerechnet wird. Was verbleibt sind unsere Tatsünden. Noch einmal: Die Menge der Sünden ist das Thema. Und so kommen die anderen Sakramente, zusätzlich zum Taufsakrament, ins Spiel. Durch die römische Bußpraxis ist es möglich, den Effekt der Sünde umzukehren.

Der Ablasshandel blühte während der Entwicklung der Lehre und Praxis der so verstandenen Buße. Die Ablassbriefe ermöglichten es, ein paar Schritte im Wiederherstellungsprozess zu überspringen, um sich dadurch die Gunst der Kirche (und somit auch die Gunst Gottes) zu sichern. Reue über Sünde führt zur Beichte und den Erhalt der Absolution (natürlich immer in Abhängigkeit von der Erfüllung der Anweisungen, wie sie vom Priester verordnet sind). Hatte jemand Buße getan, so konnte der Betreffende an der Messe teilnehmen und die Gnade der Eucharistie empfangen. Die Alternative dazu war, alle diese Schritte zu überspringen, indem man sich einen umfassenden Ablassbrief kaufte.

Ablassbriefe erschienen zuerst während der Kreuzzüge. Nach Auffassung der römisch-katholischen Kirche war die Teilnahme an einem Kreuzzug ein sicherer Weg, um sich den Erlass der Sünden zu erkaufen. Aber einige der noblen Familien wollten nicht das Risiko eingehen, ihre Söhne dabei zu verlieren. Infolgedessen konnten sie jemanden dafür bezahlen, der anstelle des Sohnes in den Krieg zog – was einem Ablass gleichkam. Die Praxis des Ablasshandels entwickelte sich über die Jahrhunderte, bis sie ihren Zenit im sechzehnten Jahrhundert erreichte, am Vorabend von Luthers Widerstand gegen die römisch-katholische Kirche.

Das Konzept von der „Quantität der Sünde" führte zu einer ähnlichen Ansicht in Bezug auf die Quantität der Gnade bzw. der Gnadengaben. Nach dieser Sichtweise besitzen einige Menschen mehr Gnade, als sie eigentlich brauchen; sie gelten in der römischen Kirche als *Heilige*. Ihre Gnade, ihre Supererogation (= „überschüssige Werke": Werke, die über die Pflicht hinausgehen) werden in einer Schatzkiste im Himmel aufbewahrt. Natürlich ist Maria „voll der Gnaden" und infolgedessen steht sie an der Spitze der Heiligen. Der Ausdruck

„voll der Gnaden“ (nach der Übersetzung der Vulgata von Lukas 1,28) nahm die Bedeutung an, dass Maria eine größere Anzahl von Gnaden erhielt, die auf diejenigen angewandt werden konnte, die zu ihr beteten, oder auf die Büßer, die sich an sie wandten.

Der Papst besitzt die Schlüssel zu diesem Gnadenschatz. Und die Sakramente – alle von der Kirche kontrolliert – sind die Mittel, durch die diese Gnade die Menschen erreicht. All diese Gnaden erreichen den Sünder jedoch letztendlich durch das, was Christus am Kreuz erreichte. Die Frage ist, wie diese Gnaden dem Sünder vermittelt werden? Die mittelalterliche römische Antwort war laut und deutlich: Diese Gnade kommt alleine durch die Kirche. Gnade ist nicht unmittelbar; dass heißt, sie kommt nicht ohne einen Mittler. Die Gnade kommt nur durch die Kirche. Noch einmal: Der Papst besitzt die Schlüssel. Gerade an diesem Punkt steigt Luther in die Diskussion ein.

Was Luther von Augustinus über die Sünde lernte, krempelte seine Denkhaltung vollkommen um. Er lernte, dass wir an der Wurzel Sünder sind (*radix* ist das lateinische Wort, von dem wir das deutsche Wort „radikal“ ableiten).[10] Das war ein Schritt nach vorne. Wir sind Sünder und Gott ist heilig. Luther sah all dies eindringlich. Er war durch und durch ein Sünder und er wusste, dass es so war. Gott ist durch und durch heilig und gerecht, was er ebenfalls nur allzu gut wusste. Ein Sünder konnte niemals einen heiligen Gott zufriedenstellen. Luther schreibt, indem er auf seine eigene Art etwas Farbe hineinbringt:

> Aus diesem Grund ist es schlicht Wahnsinn, zu sagen, dass ein Mensch aus seiner eigenen Kraft Gott gemäß dem wesentlichen Inhalt des Gesetzes – auch

> nicht nach den Absichten dessen, der das Gebot gegeben hat – über alle Dinge lieben und die Werke des Gesetzes tun kann, weil er nicht in einem Stand der Gnade ist. Oh, Narren. Oh, Schweine-Theologen.[11]

Nicht einmal der gewissenhafteste Mönch aller Zeiten könnte irgendetwas tun, um Gott zufriedenzustellen. Diese Erkenntnis führte Luther zu diesem Bekenntnis:

> Ich liebte nicht nur nicht – nein, ich hasste den gerechten Gott, der die Sünder straft. Und insgeheim, wenn auch nicht auf gotteslästerliche Weise, so aber sicherlich mit unermesslichem Murren, entrüstete ich mich über Gott und sprach: Als ob es nicht genug sei, dass die elenden Sünder, die auf ewig durch die Erbsünde verloren seien, mit aller nur denkbaren Not durch das Gesetz der Zehn Gebote bedrückt wären, habe Gott noch durch das Evangelium Schmerz auf Schmerz hinzugefügt und durch das Evangelium selbst uns seine Gerechtigkeit und seinen Zorn angedroht. So tobte ich in meinem wilden und verwirrten Gewissen.[12]

Die Jahre zwischen 1511 und 1517 waren vermutlich die härtesten Jahre eines sehr harten Lebens. Luther hatte seine Routine. Er sollte an der Universität Vorlesungen halten. Friedrich der Weise, Kurfürst von Sachsen, hatte nicht nur die Stadt und die Schlosskirche erbaut, sondern auch seinen ansehnlichen Reichtum dazu verwendet, Wittenbergs Rang unter den europäischen Universitäten zu etablieren. Keine Kosten wurden gescheut, Gelehrte wurden ausgezeichnet und die Universität wuchs im Ansehen.

Friedrich bewunderte seinen Professor der Theologie. Luther war ein sprühender Redner, fähig, sowohl klar zu denken als auch humorvoll zu sein. Wenn Sie jemals Erasmus' Satire über die Kirche seiner Zeit, *Lob der Torheit*, gelesen haben, dann wissen Sie, dass es genug Stoff für lustige Momente gab. Luthers Witz, gepaart mit diesen „günstigen" Zeiten, bedeutete, dass Luthers Studenten gut unterhalten wurden. Humor, insbesondere Sarkasmus, tendiert dazu, Realitäten zu offenbaren, die eher tragisch als lustig sind. So war es auch in diesem Fall. Luther war besorgt, denn es waren dunkle Zeiten.

Als sich der Sommer 1517 dem Ende neigte und die Studenten wieder die Klassenräume für das Herbstsemester füllten, kündigte Friedrich seine Pläne an, die neuesten Reliquien auszustellen, die er für die Schlosskirche erworben hatte. Durch die bahnbrechende Erfindung der Druckerpresse publizierte er einen Katalog dieser Reliquien. Der 1. November 1517 – Allerheiligen – wurde dafür reserviert, die neuesten Reliquien der Öffentlichkeit zu präsentieren.

Luther war beunruhigt. Er war sogar noch mehr durch das beunruhigt, was gerade aus Rom gekommen war. Nach dem Tod von Julius II. im Jahre 1513 bestieg Leo X. den päpstlichen Thron. Leo führte das Vorhaben weiter, Rom zum Zentrum der Künste der westlichen Welt zu machen. Der Schriftsteller Alexandre Dumas witzelte bekanntermaßen, dass unter Leo X., die „Christenheit einen heidnischen Charakter annahm."[13] Leo übernahm die Schulden seines Vorgängers und stürzte die Kirche durch seinen üppigen und extravaganten Geschmack sogar noch tiefer in die Schulden. Unter denen, die unter seiner Schirmherrschaft standen, waren Künstler wie Michelangelo, Raphael, Leonardo da Vinci, Correggio, Titian, Andrea del Sarto, Fra Bartolommeo,

Giulio Romano, Ariosto und Niccolo Machiavelli, der Autor von *Der Fürst*. Mit leeren Schatztruhen suchte Leo einen Weg, um Mittel aufzutreiben.

Die Lösung fand sich in einer Abmachung mit Albrecht, dem Erzbischof von Magdeburg. Albrecht wollte das Erzbistum in Mainz erhalten. Es war jedoch nach dem kanonischen Gesetz rechtswidrig, zwei Erzbistümer zu besitzen, daher brauchte Albrecht einen päpstlichen Erlass. Und um die Kosten seiner Beförderung nach Mainz zu bestreiten, musste Albrecht einen Kredit aufnehmen. Leo gab grünes Licht im Austausch für die Hälfte des Geldes, das Albrecht einbrachte, um seinen Kredit zu bezahlen.

Um das Geld aufzutreiben, rekrutierte Albrecht den Dominikanermönch Johann Tetzel, um einen nie da gewesenen Verkauf von Ablässen durchzuführen. Als er durch Deutschland reiste, kündigte Tetzels Gefolge seine bevorstehende Ankunft mit großem Tamtam an. Sowie er in einer Stadt ankam, predigte er auf den Marktplätzen über die Schmerzen der Hölle und die Gefahren des Fegefeuers. Diejenigen, die seine Gerichtsbotschaft hörten, waren mehr als vorbereitet, die angebotenen Ablässe zu kaufen, damit sie ihnen eine Hilfe dabei wären, ihre gerade erwähnten bösen Taten auszugleichen.

Es dauerte nicht lange, bis Tetzel sich gegenüber der Elbe bei Wittenberg niederließ. Kurfürst Friedrich wollte Tetzel nicht erlauben in sein Territorium zu kommen (da er keine Konkurrenz für seine Reliquien und den damit verbundenen Ablasshandel wollte), aber Luthers Gemeindemitglieder überquerten den Fluss und kauften trotzdem die Ablässe.[14] Dies schuf eine pastorale Notlage für Luther. Seine Gemeindemitglieder hatten ein Stück Papier, das es nicht weiter notwendig machte, zur Beichte zu gehen, um sich für die Messe zu qualifizieren. Luther und die Priester der Gemeinde waren nun gezwungen, ihnen aufgrund dieses Stücks Papier das Sakrament zu gewähren. Er wusste, dass sie es „unwürdig“ aßen. Er wusste ebenfalls, dass er kaum etwas dagegen tun konnte. Dieses kleine Stück Papier, das sie besaßen, trug das Siegel des Papstes.

Diese beiden Fronten – die Reliquien in Wittenberg und Tetzels Ablasshandel – drückten Luther nieder. Als ein Gelehrter griff er zu seiner nächsten Waffe, dem Stift, und schrieb eine Reihe von Thesen nieder, die nach einer Debatte innerhalb der Kirche verlangten, um diese Praktiken zu diskutieren. Als er damit fertig war, füllte seine Liste fünfundneunzig Thesen.

Am 31. Oktober 1517, am Vorabend von Allerheiligen, schlug Luther seine 95 Thesen an die Tür der Schlosskirche zu Wittenberg. Die erste Salve war abgefeuert. Die Thesen, die den finanziellen Aspekt der Ablässe hervorhoben, trafen ein vorbereitetes Publikum. Bainton erzählt uns: „Diese Polemik musste ein tiefes ‚Jawohl' unter den Deutschen hervorrufen, die schon lange ein Gefühl des Grolls gegen die Käuflichkeit der italienischen Kurie in sich bargen“, und fügt hinzu: „Auf alle Fälle aber war der finanzielle Gesichtspunkt der geringste in Luthers Augen.“[15]

These 92 drückt wahrscheinlich am besten den Aspekt der Ablässe aus, der in Luthers Augen am dringendsten war. Er erklärte: „Darum weg mit all jenen Propheten, die den Christen predigen: ‚Friede, Friede‘, und da ist doch kein Friede.“[16] Den deutschen Bauern das Geld auszusaugen, war eine Sache; ihnen ein falsches Evangelium zu geben, eine ganz andere.

Luther leitete die 95 Thesen mit folgenden Worten ein, die seine Motivation offenbarten: „Aus Liebe zur Wahrheit und in dem Bestreben, sie ans Licht zu bringen …" Er wandte seine Aufmerksamkeit dann direkt dem Gedanken der Buße zu. Seine erste These lautete: „Als unser Herr und Meister Jesus Christus sagte: ‚Tut Buße' usw. (Mt 4,17; Mk 1,15), wollte er, daß das ganze Leben der Gläubigen Buße sein." In der zweiten These sagte er, dass Buße nicht als Sakrament verstanden werden kann.[17]

Die Bedeutsamkeit dieser Unterscheidung hängt mit Luthers neu entdecktem Zugang zu den Originalsprachen des Neuen Testamentes zusammen. In dem Jahr bevor Luther seine Thesen anschlug, hatte Erasmus sein griechisches Neues Testament veröffentlicht. Es war eigentlich ein Paralleltext, mit der lateinischen Vulgata in einer Spalte und dem griechischen Text in der anderen. Dies war ein beispielloses Ereignis einer Veröffentlichung. Und es führte Luther direkt zur Quelle aller Theologie, zurück zu den ursprünglichen Texten. Als Luther den griechischen Text untersuchte, bemerke er etwas Auffallendes in Matthäus 4,17. Die lateinische Vulgata übersetzte das griechische Wort für „umkehren" mit *poenitentiam agite*, also „Buße tun" (im Sinne von Bußübungen tun). Luther wusste, dass dies eine Fehlübersetzung war.[18] Bei der so verstandenen Buße handelt es sich um eine äußerliche Handlung oder um mehrere äußerliche Handlungen. „Umkehr" (im biblischen Sinne) umfasst eine ganzheitliche Herzensveränderung, die sich in äußerlichen Taten des Gehorsams zeigt. Die Fehlübersetzung der Vulgata war der erste Stein, der den Dominoeffekt in eine tragische Richtung lenkte. Anstatt, dass er sich als der nächste Dominostein anpasste, ging Luther zurück zu den Quellen und begann von dort mit dem Aufbau seiner eigenen Theologie.[19]

Es war für Luther unmöglich vorauszusehen, welche Auswirkungen der Anschlag der 95 Thesen an die Kirchentür mit sich bringen würde. Sicherlich erahnte er die Konsequenzen dieses Momentes nicht. Doch bald rollten die Konsequenzen über ihn wie eine Welle nach der anderen. Einige Dinge mussten zunächst abgerissen werden, bevor man sie wieder richtig zusammenbauen konnte.

Luther sandte eine Kopie der Thesen an Erzbischof Albrecht. Wir müssen uns daran erinnern, dass Luther tief um seine Kirche besorgt war und es ihn nach einer offenen Debatte verlangte. Albrecht sandte eine Kopie nach Rom. Luther wollte eine Debatte. Aber er bekam weitaus mehr. Innerhalb von Monaten wirbelten die Kontroversen umher.

## Heidelberg: Das Kreuz alleine

Angeschmiegt an den Rhein war Heidelberg die Stätte des Generalkapitels bzw. der Versammlung des Augustinerordens im April 1518. Staupitz, der Generalvikar (bzw. Leiter der Bischöflichen Verwaltungsbehörde), nutzte den Moment, um mit Luther über die Krise zu sprechen, die seine 95 Thesen verursacht hatten. Luther antwortete, indem er eine neue Reihe von Thesen schrieb, die 28 Thesen der Heidelberger Disputation.[20] Obwohl diese Thesen weitaus unbekannter sind als diejenigen, die er an die Kirchentür nagelte, stellen diese Thesen doch den wichtigsten Text während der Entwicklung der Gedanken Luthers dar. An einem Punkt in seinem Leben sollte Luther erklären: „Crux sola est nostra theologia", was bedeutet: „Das Kreuz alleine ist unsere Theologie." Dieser einzigartige Ausspruch kristallisiert das heraus, was Luther mit den 28 Thesen in Heidelberg beabsichtigte.[21]

Ehe er die Thesen nummerierte, schrieb Luther einen kurzen einleitenden Absatz als Vorwort. Das Vorwort ist von essenzieller Bedeutung, wenn man das Werk als Ganzes verstehen will. Luther beginnt, indem er festhält, dass er „[a] ufs Höchste misstrauisch gegen uns selbst" ist, und sich deshalb voll und ganz verlässt auf den „göttlichen Paulus, dem erwählten Gefäß und Werkzeug Christi, und weiterhin St. Augustinus, seinem treuesten Ausleger".[22]

Der lateinische Ausdruck *ad fontes*, „zu den Quellen", diente als Schlachtruf der Renaissance. Es bedeutete ein Zurückkehren zu den Originalen, zu den Ursprungsquellen. Dies wird ersichtlich in der Wiederbelebung der griechisch-römischen Architektur und Kunst. Es wird in dem Verlangen sichtbar, direkt Plato und Aristoteles zu lesen, anstatt mittelalterliche Ableger von Interpretationen von Plato und Aristoteles. In Bezug auf die Theologie bedeutete es, dass man die Bibel und auch Augustinus las, anstatt Kommentare zu den primären Quellen zu lesen. Das *ad fontes* der Renaissance spiegelt sich in seinem Gegenstück der Reformation, *sola Scriptura*, wider. Luthers kurzes Vorwort nennt die Quellen seiner Lehre – Paulus und Augustinus. Er bekräftigt ebenfalls – und das müssen wir im Blick behalten –, dass die Hörer und Leser der 28 Thesen beurteilen müssen, ob Luther sie „zu Recht oder Unrecht" von Paulus und Augustinus abgeleitet hat. Luthers Quelle jedoch war die Ursprungsquelle. Es war diese „Quelle", die ihn dahin brachte, einzusehen, wie verkommen die Bußpraxis am Oktober 1517 war. Je mehr Luther in die Quellen schaute, desto mehr Fehler erkannte er in der Kirche seiner Tage.

Auf das kurze Vorwort folgen die 28 Thesen. Sie vergleichen und stellen gegenüber, was Luther einen „Theologen der Herrlichkeit" und einen „Theologen des Kreuzes" nannte.

Normalerweise assoziieren wir Herrlichkeit, insbesondere die Herrlichkeit Gottes, mit etwas Gutem. In diesem Fall jedoch sieht Luther einen Theologen der Herrlichkeit als etwas Schlechtes an. Ein Theologe der Herrlichkeit ist dasselbe wie ein falscher Prophet, der einen Frieden, wie in These 92 erwähnt, verkündet. In der Heidelberger These 21 schreibt Luther: „Der Theologe der Herrlichkeit nennt das Schlechte gut und das Gute schlecht." Indem er den Begriff *Herrlichkeit* verwendet, spricht Luther über die dämliche Vorstellung, dass die Menschheit in sich selbst eine eigene Herrlichkeit besitzt, oder dass die Menschheit die Fähigkeit besitzt, Gott zu gefallen und Gerechtigkeit zu praktizieren. Göttliche Gnade ist das gute Ding, das ein Theologe der Herrlichkeit böse nennt. Kurz, der Theologe der Herrlichkeit jubelt über die menschliche Fähigkeit und die Werksgerechtigkeit.

Im Kontrast zum Theologen der Herrlichkeit steht der Theologe des Kreuzes. Der Theologe des Kreuzes beginnt mit uns – genauer gesagt mit unserer Misere. These 18 liest: „Ganz gewiss muss ein Mensch an sich selbst verzweifeln, um für den Empfang der Gnade Christi bereitet zu werden." Konsequenterweise informiert uns These 25: „Nicht der ist gerecht, der viele Werke tut, sondern wer ohne Werke viel an Christus glaubt."

Der Theologe der Herrlichkeit geht eigentlich sogar noch weiter, als die Gnade böse zu nennen. Der Theologe der Herrlichkeit, derjenige, der in die menschliche Fähigkeit vertraut und in die Ansammlung von Werken und Verdiensten, verwirft im Grunde Christus.

Dann, in der letzten der 28 Thesen, schreibt Martin Luther, was sehr gut als der schönste Satz gelten kann, den er jemals geschrieben hat: „Die Liebe Gottes findet nicht vor, sondern schafft sich, was sie liebt." Die Liebe Gottes wird niemals etwas Angenehmes in uns finden, da wir alle Sünder sind und somit ungerecht und völlig abscheulich vor dem Heiligen Gott stehen. Und deshalb spricht Gott uns gerecht. Er stellt uns (wieder) her.

Einer der jungen Mönche, die unter Luthers Zuhörern saßen und beobachteten, wie Luther die 28 Thesen präsentierte und kommentierte, war Martin Bucer (1491-1551). Der Historiker David F. Wright beobachtet: „Dieses Erlebnis war [Bucers] evangelische Bekehrung."[23] Bucer wurde der Leiter der Reformation in Straßburg. Der junge Calvin sehnte sich danach, dort zu studieren, wurde aber in Genf für eine Weile aufgehalten. Als Genf Calvin hinauswarf, konnte er sich schließlich diesen Wunsch erfüllen und verbrachte die Jahre 1538 bis 1541 mit Bucer. Die Auswirkungen der 28 Thesen reichten weit.

Sie hatten aber auch kurzfristige Auswirkungen und führten im Oktober 1518 in Augsburg zu einer weiteren Auseinandersetzung Luthers mit Kardinal Thomas Cajetan. Cajetan verlangte, dass Luther widerrief. Um Mitternacht floh Luther zu Pferd und kehrte unter die Schirmherrschaft von Friedrich dem Weisen nach Wittenberg zurück.[24]

Einige Zeit nach diesen Ereignissen bekehrte sich Luther. Das eigentliche Datum der Bekehrung Luthers ist umstritten. Einige siedeln sie vor dem Anschlag der 95 Thesen an, andere vor der Heidelberger Disputation. Es ist jedoch sehr wahrscheinlich, dass Luthers Bekehrung im Jahre 1519 stattfand. Wenn man die 95 Thesen als Ganzes liest, dann wird deutlich, dass Luther nach wie vor an einer Anzahl von römisch-katholischen Lehren festhielt. Zu dieser Zeit wollte er nicht das ganze System verwerfen; vielmehr suchte er es von der Korruption zu befreien und zu reinigen, die sich während des 11. und 14. Jahrhunderts eingeschlichen hatte. Die

Korruption gipfelte im Ablasshandel von Tetzel und Albrecht und der Reliquienausstellung in Wittenberg. Es gibt ebenfalls Luthers eigenes Zeugnis, dass ihm der „Durchbruch" kam, während er zum zweiten Mal Vorlesungen über die Psalmen hielt. Diese Vorlesungen hielt er in den ersten Monaten des Jahres 1519. Viele Jahre später, 1545, reflektierte Luther über seine Bekehrung und lieferte einen außergewöhnlichen Bericht über die Ereignisse; ein Bericht, dessen Dreh- und Angelpunkt der Unterschied zwischen der aktiven und passiven Gerechtigkeit war. So erzählt Luther uns:

> Inzwischen war ich in diesem Jahr [1519] zum Psalter zurückgekehrt, um ihn erneut auszulegen, im Vertrauen darauf, daß ich geübter sein würde, nachdem ich die Briefe des hl. Paulus an die Römer, an die Galater und den, der an die Hebräer gerichtet ist, in Vorlesungen behandelt hatte. Von einem wunderbaren Eifer war ich gewiß ergriffen gewesen, Paulus im Brief an die Römer kennenzulernen; aber es hatte bis dahin im Wege gestanden nicht die Kälte meines Herzens, sondern das einzige Wort im 1. Kapitel [Röm. 1,17]: ‚Die Gerechtigkeit Gottes wird in jenem [dem Evangelium] geoffenbart.' Denn ich haßte dieses Wort ‚Gerechtigkeit Gottes', welches ich nach der üblichen Gewohnheit aller Doktoren gelehrt worden war, philosophisch von der sogenannten formalen oder aktiven Gerechtigkeit zu verstehen, durch die Gott gerecht ist und Sünder wie Ungerechte straft. Ich aber fühlte mich, obwohl ich als Mönch untadelig lebte, vor Gott als Sünder und unruhig in meinem Gewissen und konnte nicht hoffen, daß ich durch meine Genugtuung versöhnt sei.

Ich liebte den gerechten Gott, der die Sünder straft, nicht, sondern haßte ihn. Ich war unmutig gegen Gott, wenn nicht mit heimlicher Lästerung, so doch mit gewaltigem Murren, indem ich sprach: als ob es nicht genug ist, daß die elenden, durch die Ursünde ewig verdammten Sünder von vielfältigem Unheil bedrückt sind durch das Gesetz des Dekalogs! Muß Gott durch das Evangelium Leid auf Leid fügen und uns auch durch das Evangelium seine Gerechtigkeit und seinen Zorn androhen? So raste ich in meinem verwirrten Gewissen, pochte aber trotzdem ungestüm an dieser Stelle bei Paulus an, indem ich vor Durst brannte, zu wissen, was der hl. Paulus wollte. Da erbarmte Gott sich meiner. Unablässig sann ich Tag und Nacht, bis ich auf den Zusammenhang der Worte achtete, nämlich: ‚Die Gerechtigkeit Gottes wird in jenem [dem Evangelium] geoffenbart, wie geschrieben steht: Der Gerechte lebt aus dem Glauben.' Da begann ich, die Gerechtigkeit Gottes als diejenige zu verstehen, durch welche der Gerechte als durch Gottes Geschenk lebt, … nämlich aus dem Glauben, und [erkannte], daß dies die Meinung sei, daß durch das Evangelium die Gerechtigkeit Gottes offenbart wird, nämlich die passive, durch welche uns der barmherzige Gott durch den Glauben rechtfertigt, wie geschrieben steht: ‚Der Gerechte lebt aus dem Glauben.' Hier meinte ich geradezu, ich sei wiedergeboren, die Türen hätten sich geöffnet und ich sei in das Paradies selbst eingetreten. Gleich darauf zeigte mir die ganze Schrift ein anderes Gesicht. Ich durchlief darauf die Schrift, wie ich sie im Gedächtnis hatte, und stellte bei anderen Begriffen Ähnliches

> fest, wie etwa: Werk Gottes, das heißt das, was Gott in uns wirkt, Kraft Gottes, durch die er uns stark macht, Weisheit Gottes, durch die er uns weise macht, Stärke Gottes, Heil Gottes, Herrlichkeit Gottes. So, wie ich vorher das Wort ‚Gerechtigkeit Gottes' gehaßt hatte, mit solcher Liebe pries ich jetzt den mir süßesten Begriff, so wurde mir diese Paulus-Stelle zur Pforte des Paradieses.[25]

Das ist das Evangelium. Das ist die Lehre von der Rechtfertigung aus Glauben allein. Der Schlüssel zum Verständnis ist hierbei, dass Luther passiv ist. Christus trug seine Sünde. Christus erwarb die Gerechtigkeit in seinem Gehorsam, in seinem Leben und in seinem Tod am Kreuz. Dies war Luthers Entdeckung. Christus tat es – und zwar alles.

Dieser monumentale Moment ereignete sich im Jahre 1519. Ein anderes monumentales Ereignis in diesem Jahr war die Debatte mit Johann Eck in Leipzig.

## Leipzig: Allein die Schrift

Leipzig, die führende Stadt in Sachsen, richtete eine lange Disputation vom 27. Juni bis zum 17. Juli 1519 aus. Rom hatte Johann Eck ausgesandt, um für ihre Seite zu argumentieren. Eck und Luther wurden einander im Frühling 1517 gewahr. Eck wandte sich ziemlich schnell gegen Luther. Eck stimmte zu, mit Luther zu debattieren, aber nicht direkt. Er sollte mit Andreas Bodenstein von Karlstadt debattieren. Obwohl er drei Jahre nach Luther geboren wurde, war Karlstadt Professor in Wittenberg und diente als Luthers Doktorvater, als dieser seinen Doktor schrieb. Luther sollte jedoch sehr schnell seinen Meister hinter sich lassen.

Eck und Karlstadt debattierten vom 3. Juni bis zum 3. Juli. Eck ging als Sieger hervor. Luther konnte nun nicht mehr schweigen und disputierte mit Eck vom 4. bis zum 17. Juli. Obwohl viele Themen besprochen wurden, drehten sie sich immer wieder um das Papsttum und dessen Autorität.

Eck war bezüglich dieses Themas überragend, da er durch und durch dem päpstlichen Primat als einer göttlichen Instanz verpflichtet war.[26] Die Debatte wandte sich dann den Kirchenvätern zu. Luther brachte das Argument, dass viele der Kirchenväter das Primat nicht kannten oder einen Papst, der über den Bischöfen stand. Der Disput konzentrierte sich für eine Weile auf Athanasius. Eck bestand darauf - obwohl er dies nicht beweisen konnte –, dass Athanasius, auf der Suche nach Weisung, auf Rom oder einen Papst blickte.

Dann gab Luther die Erklärung ab: „Kein gläubiger Christ kann über die Hl. Schrift hinaus [zum Glauben an einen Artikel] gezwungen werden."[27] Das war genug für Eck. Indem er sich nicht der päpstlichen Autorität unterwarf, hatte Luther sich selbst zu den „Böhmen" gesellt. Dieser Bezug spielte natürlich auf Jan Hus an. Hus wurde als Häretiker verdammt und starb den Märtyrertod im Jahre 1415. Da Hus verdammt worden war, wurde Luther durch diesen Bezug ebenfalls beschuldigt.

Zwei Dinge resultierten aus dem Disput in Leipzig. Eines war die Formulierung der reformatorischen Losung *sola Scriptura*. Das andere war der Anfang vom Ende von Luthers Laufbahn als Mönch, der auf gutem Fuß mit der römisch-katholischen Kirche stand. Luther kehrte nach Wittenberg und zu seinen Klassenräumen, zu seiner Kanzel und zu seinen Studien zurück.

Der Sommer und Herbst 1520 stellten sich als sehr beschäftigungsreich für Luther heraus. Er schrieb drei

Abhandlungen: *An den christlichen Adel deutscher Nation* (August), *Von der babylonischen Gefangenschaft der Kirche* (Oktober) und *Von der Freiheit eines Christenmenschen* (November). Er wurde ebenfalls von der Kirche verdammt. Papst Leo X. stellte die päpstliche Bulle, *Exsurge Domine*, aus, die den Herrn anrief, Luther, diesen wilden Eber, aus dem Weinberg der Kirche auszustoßen, dafür, dass er das Evangelium mit seinen Füßen zertrat. Die Geschichte ist voll von Ironie, aber nicht alles ist so gravierend wie Leos Worte in der päpstlichen Bulle. Luther antwortete auf die Bulle, indem er sie verbrannte. Diese Aktion sollte ihn zu einer weiteren wichtigen Stadt auf seiner Lebensreise führen.

### Auf nach Worms: Der Abschluss

Luthers Reise von Eisleben über Erfurt, Rom, Wittenberg, Heidelberg und Leipzig führte ihn schließlich nach Worms.

Worms war der Ort des Reichstages (des Heiligen Römischen Reiches), an dem man sich immer wieder, von Ende Januar bis Ende Mai 1521 traf. Leo beorderte Luther natürlich nach Rom. Doch Friedrich der Weise wies es zurück, Luther zu schicken. Luther war deutscher Staatsbürger und er würde seinen Anklägern auf deutschem Boden gegenübertreten.

Luther kam am 16. April in Worms an und die Menge applaudierte, mit Ausnahme der päpstlichen Gesandten. Am 17. April erschien Luther vor dem Reichstag. Vor Luther befand sich ein großer Tisch, auf dem eine Sammlung seiner Schriften ausgebreitet war. Die führenden Amtsträger verlangten von ihm nur zwei Dinge: Dass Luther sich als der Autor dieser Bücher bekannte und sich von deren Inhalt lossagte. Luther wurde überrumpelt. Ihm wurde sicheres Geleit versprochen und er erwartete eine Debatte. Doch dann realisierte er, dass er weder das eine noch das andere erhalten würde. Er zögerte und bat um einen Tag, damit er über seine Antwort nachdenken könnte. Die Nacht vom 17. April 1521 verbrachte er im Gebet. Wie damals in seinen Nachtwachen als Mönch betete Luther sich durch einen Kampf. Aber anders als bei seinen bisherigen Nachtwachen folgte auf diese keine überwältigende Angst oder Qualen der Anfechtungen. Stattdessen kam Luther aus seiner Kammer und nahm mit Zuversicht, Sicherheit und Frieden seinen Platz vor dem Reichstag ein.

*„Hier stehe ich", erklärte er.*

In den *Bekenntnissen* des Augustinus spielt die Geografie eine interessante Rolle. Augustinus verlässt Nordafrika, wandert durch verschiedene Städte, einschließlich Rom, und endet in Mailand, wo er bekehrt wird. Anschließend kehrte er zurück in seine Heimat nach Hippo Regius in Nordafrika. Augustinus machte eine literarische Reise. Doch er machte auch eine metaphorische Reise, wie sie Adam einst tat. Adam war im Garten Eden zu Hause, wurde dann hinausgeworfen und wanderte „östlich von Eden". Der theologische Begriff für diese Trennung lautet *Entfremdung*. Eines der griechischen Worte für Sünde ist *plana*ō, woher wir das Wort „Planeten"[28], Objekte, die durch das Sonnensystem herumwandern, ableiten. Das Wandern ist das verlorene Paradies. Dann erscheint Christus, der zweite Adam, und durch ihn können wir wieder nach Hause zurückkehren. Der theologische Begriff für dieses Zurückkehren heißt *Versöhnung*. Luthers Reise durch alle diese Städte hatte eine Bedeutung, die sich in seinem Leben niederschlug. Sie zeichnen ebenfalls ein größeres Bild, indem sie die Entwicklung von Luthers Theologie und der Reformation selbst offenbaren. Dennoch sind diese Reisen und Städte ebenfalls eine Metapher. Luther verlässt Eisleben und kämpft, ja, tobt sogar, gegen Gott.

Er erlebt Entfremdung. Bei seinem Tod kehrt er nach Hause zurück. Er ist nicht länger im Krieg, aber er hat Frieden mit Gott. Er steht nicht nur einfach dort; er ruht ebenfalls dort.

*Kapitel 2*

# EINE FESTE BURG IST UNSER GOTT: LUTHER ALS EIN MANN DES KONFLIKTS (1520-30)

STEPHEN J. LAWSON

Seit dem Tag seiner Bekehrung im Jahre 1519 wurde Martin Luther in die verzehrenden Flammen der Kontroverse gestoßen. Luther provozierte Konflikte, sowohl von der Kanzel als auch von seinen Schriften her, in Disputationen oder vor Gericht, wann immer er predigte oder schrieb. Wenn dieser Reformator Gottes Wort verkündigte, dann murmelte er nicht so daher oder beschönigte seine Worte. Vielmehr donnerte seine Stimme für die Wahrheit und seine Feder brüllte wie ein Löwe. Wann immer er mutig die Wahrheit der Schrift bekräftigte, wich er niemals aus oder entschuldigte sich dafür. Solch eine Überzeugung brachte gezwungenermaßen Konflikte hervor.

Niemals zu einem Rückzieher bereit, war Luther der Überzeugung, dass wo immer die Wahrheit der Schrift attackiert wurde, er gerade hier umso stärker auftreten musste. Er erklärte: „Wenn ich mit der lautesten Stimme und klarsten

Auslegung jede Wahrheit Gottes bekenne, außer genau den kleinen Punkt, den die Welt und der Teufel im Moment attackieren, dann bekenne ich nicht Christus, wie stark ich Christus auch bekennen mag. Wo die Schlacht wütet, dort wird die Loyalität des Soldaten erprobt; und an allen Nebenkriegsplätzen bereit zu sein, ist nur Flucht und Schande, wenn er an diesem Punkt zurückschreckt."[29] Während seines ganzen Dienstes war Luther bereit, so hervorzutreten, wie ein loyaler Soldat seinen Posten betritt, um den guten Kampf des Glaubens zu kämpfen.

Mit einer akkuraten Selbstwahrnehmung verstand Luther, dass Gott ihn so kämpferisch für den Glauben gemacht hatte: „Ich bin roh, wild, stürmisch, völlig kriegerisch. Ich wurde geboren, um gegen zahllose Monster und Teufel zu kämpfen. Ich muss Stümpfe und Steine entfernen, Disteln und Dornen wegschneiden und den wilden Wald reinigen."[30] Luther war eindeutig mit dem unbeirrbaren Mut begabt, um diese Schwierigkeiten anzugehen. Als Ergebnis folgten dem heroischen Reformator die Konflikte nach, solange er lebte.

Ein Jahrzehnt in Luthers Leben sollte sich als besonders turbulent herausstellen. Die 1520er Jahre warfen ihn Hals über Kopf in den Ofen der Feuerproben, als er zum Gegenstand der päpstlichen Bulle wurde, wegen Häresie vor Gericht stand, auf der Wartburg inhaftiert war, Zeuge der Bauernrevolte wurde, in die öffentliche Debatte mit Erasmus verwickelt wurde, von der schwarzen Pest bedroht wurde und unter dem Tod seiner jungen Tochter litt. Doch wie ein Hammer glühenden Stahl in seine Form schlägt, so formten und stärkten diese Prüfungen Luther und verwandelten ihn in den unverwüstlichen Leiter, den die Reformation so dringend benötigte.

Dieses Kapitel konzentriert sich auf Luther, als er sich vielen Konflikten gegenübersah, die während dieses fordernden Jahrzehnts der 1520er Jahre aufkamen. Trotz der sich auftürmenden Kontroversen, denen er sich ausgesetzt sah, ging dieser theologische Titan ohne Brandgeruch aus den Flammen hervor.

## Ein polemischer Autor (1520)

Einmal bekehrt, war Luther von dem unstillbaren Verlangen durchdrungen, die Wahrheit zu kennen. In diesen frühen Tagen waren seine lehrmäßigen Überzeugungen bereits stark gewachsen, insbesondere in Bezug auf den unbiblischen Glauben und der unbiblischen Praxis der römisch-katholischen Kirche. Von August bis November 1520 schrieb Luther drei polemische Werke, die sich gegen die lehrmäßigen Irrtümer Roms richteten. Diese provokativen Werke, so schreibt Philip Schaff, waren „die härtesten Schläge gegen das päpstliche System, die jemals aus einer menschlichen Feder stammten.“[31] Diese kühnen Argumente katapultierten Luther sofort an die Frontlinie des geistlichen Konflikts.

Im August schrieb Luther *An den christlichen Adel deutscher Nation.* Im Vorwort kündigt er an: „Die Zeit des Schweigens ist vergangen, und die Zeit zu reden ist gekommen.“[32] Das Papsttum und die Kirchenkonzile, so glaubte Luther, hatten völlig darin versagt, die Reformen durchzuführen, die die Kirche benötigte. Daher appellierte Luther an den deutschen Adel, vorzutreten und diese Veränderungen in Angriff zu nehmen. Er argumentierte, dass der Papst und die Priesterschaft eine künstliche Wand um sich selbst gebaut hatten, um ihre eigene Position vor der notwendigen Reform zu schützen. Rom beanspruchte, dass nur der Papst und die Priester die Macht besaßen, die Bibel richtig zu interpretieren. Luther widerstand vehement dieser Ansicht und beteuerte das Priestertum aller Gläubigen. Er schrieb:

> Es ist eine reine Erfindung, dass der Papst, die Bischöfe, Priester und Klostervolk zu einem geistlichen Stand berufen sind, während die Fürsten, Herrn, Handwerker und Bauern zu einem weltlichen Stand berufen sind … Alle Christen besitzen wahrhaft den geistlichen Stand und es gibt zwischen ihnen keinen Unterschied als nur den des Amtes … Ihre Behauptung, dass nur der Papst die Heilige Schrift richtig interpretieren kann, ist eine unerhörte und eingebildete Fabel.[33]

Im Oktober 1520 schrieb Luther sein zweites polemisches Traktat *Von der babylonischen Gefangenschaft der Kirche*. Mit diesem theologischen Werk sprang Luther der katholischen Kirche an die Gurgel, indem er Roms Lehre von den Sakramenten im Licht der Bibel kritisierte. Insbesondere kritisierte er die römische Lehre von der Messe. Seine erste Kritik richtete sich gegen die Praxis der römischen Hierarchie, den Kelch den Laien vorzuenthalten und ihn ausschließlich für die Kleriker zu reservieren. Luther bestand darauf, dass sowohl Brot als auch Wein den Laien gespendet werden sollte, als ein Zeichen für den Erlass der Sünden. Die Menschen hatten bereits das erhalten, wofür die Zeichen stehen, also sollte man ihnen die Zeichen nicht vorenthalten. Luther argumentierte weiterhin gegen die Transsubstantiation – den Glauben, dass sich die Substanz von Brot und Wein tatsächlich buchstäblich in den Leib und das Blut Christi verwandelten, während sie die Merkmale von Brot und Wein beibehielten – und gegen die kontinuierliche Wiederholung des Opfers Christi in der

Messe. Mit seiner unbiblischen Theologie der Sakramente hatte Rom sich von der Heiligen Schrift entfernt und hielt sie, nach der Laune des pompösen Papsttums, gefangen. Luther schrieb kühn: „Was ohne die Schrift oder bewährte Offenbarung geltend gemacht wird, kann als eine Meinung angesehen, muss aber nicht geglaubt werden.“[34]

Im folgenden Monat schrieb Luther eine dritte polemische Schrift: *Von der Freiheit eines Christenmenschen*. Dieses Dokument legte die fundamentale reformatorische Lehre von der Rechtfertigung aus Glauben alleine und durch Christus alleine dar. Luther behauptete, dass dieser Eckstein der Wahrheit „die Gesamtheit eines christlichen Lebens in kurzer Form beinhaltet.“[35] In diesem Werk unterstreicht Luther ebenfalls die christliche Freiheit des Gläubigen in Christus, indem er argumentiert, dass, egal wie jemand lebt, es ohne das Gesetz Christi keine Freiheit gibt, sondern nur eine Art von Knechtschaft. Dieses kleine Buch wurde mit einem offenen Brief an Papst Leo X. veröffentlicht, welches sich so liest:

> Selbst der Antichrist, wenn er kommen sollte, könnte sich nichts ausdenken, das er zur Boshaftigkeit [des Papstes] hinzufügen könnte ... Ein Christ ist ein vollkommen freier Herr aller, niemandem untertan. Ein Christ ist ein vollkommen schuldiger Diener aller, allen untertan ... Er braucht keine Werke, die ihn rechtfertigen oder retten, da allein der Glaube alle diese Dinge reichlich verleiht ... und alle Sünde ist durch die Gerechtigkeit Christi verschlungen.[36]

Im Juni 1520 verfasste Leo die päpstliche Bulle, *Exsurge Domine*. Die Bulle verdammte viele von Luthers Punkten aus seinen 95 Thesen und forderte ihn innerhalb von sechzig Tagen nach Erhalt, unter Androhung der Exkommunikation, zur Buße auf. Die Bulle begann: „Erhebe dich, o Herr, und richte deine Sache. Ein wilder Eber ist in deinen Weinberg gebrochen."[37] Einundvierzig von Luthers Thesen wurden von Rom als „je nachdem häretisch, anstößig, falsch, beleidigend für fromme Ohren, verführerisch für einfältige Seelen oder der katholischen Wahrheit widerstrebend" verurteilt.[38] Im September gab der katholische Theologe Johann Eck die Bulle in Sachsen bekannt.

Luther empfing sie im Oktober, und ohne zusammenzuzucken, sagte er: „Diese Bulle verdammt Christus selbst."[39] Er nannte sie „eine Bulle des Antichristen" und erklärte, dass sie „eine verfluchte, unverschämte und teuflische Bulle" sei.[40] Sechzig Tage nachdem er sie erhalten hatte, am 10. Dezember 1520, nahm Luther die Bulle in die Hand und marschierte nach draußen vor den Stadtwall von Wittenberg, gefolgt von mehreren Hunderten seiner Mitprofessoren und Studenten. Unter einer großen Eiche verbrannte er sie aufsässig wie auch noch verschiedene Bücher des Kirchengesetzes und Ecks Schriften.

Diese wagemutige Handlung schuf die endgültige Trennung von Rom. Der Historiker Thomas Lindsay schreibt: „Es ist für uns im zwanzigsten Jahrhundert kaum vorstellbar, welche Erregung durch Deutschland und tatsächlich durch ganz Europa ging, als sich die Nachrichten ausbreiteten, dass ein armer Mönch eine päpstliche Bulle verbrannte."[41] Luther war nun der Hauptgegner der tausendjährigen, toten religiösen Tradition Roms.

## Aufsässiger Anhänger (1521)

Am 3. Januar 1521 wurde die päpstliche Bulle offiziell und Luther wurde exkommuniziert. Friedrich der Weise, Kurfürst von Sachsen, forderte im Februar, dass man Luther die Gelegenheit geben sollte, sich öffentlich zu verteidigen, verbunden mit der Hoffnung, dass er wieder aufgenommen würde. Kaiser Karl V. tat ihm diesen Gefallen und bestellte Luther zum Reichstag nach Worms ein. In Wirklichkeit sollte sich diese Anhörung vor den zivilen und kirchlichen Amtsträgern für den gefährlichen Reformer als Ketzerprozess herausstellen.

Luthers Freunde und Unterstützer warnten ihn davor hinzugehen. Sie erinnerten ihn an den böhmischen Professor und Prediger Jan Hus, der 1415 dieselbe Wahrheit des *sola fide* verkündigt hatte. Hus wurde zum Konzil von Konstanz geladen, um seine Lehre zu „diskutieren". Hus wurde sicheres Geleit versprochen, aber als er ankam, wurde ihm nur eine Frage gestellt: „Wirst du widerrufen?" Es gab für ihn keine Möglichkeit einer Auseinandersetzung. Als Hus sich weigerte, zu widerrufen, wurde er an einen Pfahl gebunden, Holz wurde um ihn herum aufgeschichtet und er wurde verbrannt. Trotz dieser Warnungen erwiderte Luther scharf: „Auch wenn ich gewusst hätte, dass es dort so viele Teufel wie Ziegel auf dem Dach gab, die bereit waren, sich auf mich zu stürzen, so wäre ich dennoch mit Freuden in ihre Mitte gesprungen."[42]

Am 2. April 1521 verließ Luther Wittenberg, um nach Worms zu reisen. Der von der Bibel durchdrungene Professor predigte sich förmlich seinen Weg durch Deutschland, bis hin zum Ort seiner Anhörung. Diese Predigtreise beinhaltete Aufenthalte in Erfurt, Eisenach, Gotha und Frankfurt. Als er am 16. April in Worms eintraf, fand er eine Welle der öffentlichen Unterstützung vor. Dieser ehemalige obskure Universitätslehrer war schnell zum Helden seiner Leute geworden. Währenddessen eskalierte jedoch die Wut in Rom.

Luther betrat Worms als eine triumphierende Person. In einem offenen Wagen fahrend, wurde er von einem kaiserlichen Herold angekündigt, und Männer auf Pferden folgten ihm. Eine Menge von über tausend Personen hatte sich eingefunden, um ihn willkommen zu heißen. Zu Beginn des offiziellen Prozedere am 17. April wurde Luther in die feierliche Versammlung eingeführt. Am Ende der Halle saß Kaiser Karl V. auf einem thronähnlichen Stuhl. Spanische Truppen, sog. Granden, die wie für eine Parade angezogen waren, bewachten den Kaiser. Neben dem Kaiser befand sich Eck, stellvertretend als der Chefankläger für Rom. Ebenfalls präsent war der päpstliche Nuntius, Hieronymus Aleander, gemeinsam mit Kurfürsten, Bischöfen, Fürsten, Rittern, Baronen, Erzbischöfen, Kardinälen, Legaten und Repräsentanten der größeren deutschen Städte.

Inmitten dieser Versammlung befand sich ein Tisch, mit einem Stapel von Luthers Büchern. Einige seiner Schriften behandelten den christlichen Glauben. Andere Werke griffen das Papsttum an und wieder andere attackierten Einzelpersonen. Luther hatte naiverweise angenommen, dass dieser Austragungsort ihm eine Plattform bieten würde, damit er seine theologischen Ansichten erklären konnte. Tatsächlich wurde er dafür gerügt, es gewagt zu haben, sich gegen die Lehren der Kirche zu stellen. Eck konfrontierte Luther scharf:

> Martin, wie kannst du annehmen, daß du der einzige bist, der die Schrift versteht? Willst du dein Urteil über das so vieler berühmter Männer stellen und behaupten, daß du mehr weißt als sie alle? Du hast kein Recht,

> den allerheiligsten orthodoxen Glauben in Frage zu ziehen, der von Christus, dem vollkommenen Gesetzgeber, eingesetzt ist, den die Apostel in der ganzen Welt verkündeten, den die Märtyrer mit rotem Blute besiegelten, die heiligen Konzile bestätigten und den die Kirche genau bestimmt hat; all unsere Väter glaubten an ihn bis zu ihrem Tod und gaben ihn uns als Erbschaft, uns aber ist durch Papst und Kaiser verboten, darüber zu diskutieren, da es sonst kein Ende des Streites gäbe.[43]

Eck bedrängte Luther mit zwei Fragen: „Sind das deine Bücher? Und wirst du widerrufen?" Der Moment der Krise war gekommen. Die Ernsthaftigkeit dieser Situation realisierend, erbat sich Luther einen Tag, um seine Verteidigung zu ordnen. Am nächsten Tag, dem 18. April, wandte er sich diesem Elitekonzil zu und lieferte sein nun berühmt gewordenes Bekenntnis:

> Wenn ich nicht durch Schriftzeugnisse oder helle Gründe werde überwunden werden (denn ich glaube weder dem Papst noch den Konzilien allein, da fest steht, daß sie öfter geirrt und sich selbst widersprochen haben), so bin ich überwunden durch die von mir angeführten Schriftzeugnisse, und mein Gewissen ist gebunden in Gottes Wort. Widerrufen kann und will ich nichts, weil wider das Gewissen zu handeln, nicht sicher und nicht lauter ist. Gott helfe mir. Amen.[44]

In seiner dogmatischen Haltung bekannte sich Luther mit fester Entschlossenheit zum *sola Scriptura*. Er blieb dabei, dass die Lehren der Kirchen nicht auf Bekenntnissen, Konzilien oder der Meinung Geistlicher basieren. Auch darf die Wahrheit nicht durch den gesunden Menschenverstand, menschliche Intuition oder mystische Offenbarung bestimmt werden. Luther behauptete, dass die Lehren der Kirchen ausschließlich auf dem Zeugnis der Heiligen Schrift alleine ruhen müssten.

Luther hatte die Axt an die Wurzel des päpstlichen Baumes angesetzt. Karl verdammte Luther als einen Irrlehrer und verhängte die Todesstrafe über ihn. Luther wurden einundzwanzig Tage freies Geleit gewährt, um seine Angelegenheiten zu ordnen. Der Reichstag ordnete an, dass all seine Bücher verbrannt würden. Der Konflikt um Luthers Leben hatte eine neue Ebene erreicht.

### Bibelübersetzer (1521-22)

Als Luther nach Wittenberg zurückreiste, wurde er mit einer Gruppe bewaffneter Reiter konfrontiert, die aus dem Wald geritten kamen und ihn festnahmen. Ohne Luthers Wissen hatte Friedrich der Weise seine Entführung zu seinem eigenen Schutz geplant. Er wurde auf die Wartburg, nahe bei Leipzig, gebracht. Er kam dort am 10. Mai an und geriet für die nächsten elf Monate in Vergessenheit. Des Weiteren verbarg er seine Identität, indem er sich die Haare und den Bart wachsen ließ und sich wie ein Ritter kleidete. Er nannte sich selbst *Junker Jörg* oder Ritter Georg.

Am 26. Mai 1521 waren die einundzwanzig Tage Sicherheit, die man Luther zugeteilt hatte, abgelaufen. Kaiser Karl V. unterzeichnete das Edikt von Worms und verdammte damit den rebellischen Reformator offiziell. Der Kaiser erklärte seine Lehren für häretisch. Luther wurde unter den offiziellen Bann des römischen Imperiums gestellt. Trotz dieser Bedrohung, erwies sich diese Zeit der Inhaftierung als eine der produktivsten Zeiten seines Lebens. Luther nutzte seine wertvolle Zeit, indem er das griechische Neue Testament, das gerade von Erasmus herausgegeben worden war (1516), ins Deutsche übersetzte. Luther schrieb:

> Ich werde mich hier bis Ostern verstecken. In der Zwischenzeit werde ich die Postille beenden und das Neue Testament ins Deutsche übersetzen, ein Unternehmen, nach dem unsere Freunde verlangen. Ich höre, dass du ebenfalls daran arbeitest. Fahre fort, wie du angefangen hast. Ich wünschte, dass jede Stadt ihren Ausleger hat und dass dieses Buch alleine, in allen Sprachen, in den Händen, Augen, Ohren und Herzen aller Menschen leben würde.[45]

Im Februar 1522 erklärte der Zweite Reichstag von Nürnberg Luthers Bann für nicht durchsetzbar und er wurde daher aufgehoben. Nach elf Monaten des Versteckens war es für Luther sicher, die Wartburg zu verlassen. Im März 1522 kehrte er nach Wittenberg zurück und fand die Stadt in einem Aufruhr vor. Nach langer Unterdrückung revoltierten die Menschen gegen die politischen und geistlichen Autoritäten. Um die Rebellion zu unterdrücken, bestieg Luther die Kanzel und nahm seine Pflicht wieder auf. Er reiste ebenfalls durch die Mitte Deutschlands und predigte das wiederentdeckte Evangelium der Gnade. Aber der Konflikt, in dem Luther sich wiederfand, nahm nicht ab, sondern verstärkte sich vielmehr.

Am 21. September 1522 veröffentlichte Luther sein neu übersetztes deutsches Neues Testament. Seine Landsleute nahmen seinen Text bereitwillig auf und innerhalb von zwei Monaten wurden fünftausend Ausgaben an Menschen aus allen möglichen Ständen verkauft. Dieser Text war einer der wenigen deutschen Bücher, den sich der gewöhnliche Leser leisten konnte. So groß war die Nachfrage von Luthers Bibel in ganz Sachsen, dass sie dabei half, die Grundlage für das moderne Deutsch zu liefern. Praktisch über Nacht wurde Luther zu einer der einflussreichsten Personen in seinem Land.

Luthers Bibel entzündete die Feuer der Reformation und führte dahin, dass sich die Evangeliums-zentrierten Wahrheiten im ganzen Land wie ein Lauffeuer verbreiteten. Der Einfluss der deutschen Bibel reichte weit über die deutschen Grenzen hinaus und entzündete Flammen in den Niederlanden, Schweden, Irland und Dänemark. Diese neue Bibel hatte einen unmittelbaren Einfluss auf den Mann, der als der „Vater der englischen Bibel" bekannt ist: William Tyndale. Dieser musste von England auf das kontinentale Europa flüchten, um sich mit dem einflussreichen Reformator zu treffen. Zur Zeit als Luther sein deutsches Neues Testament veröffentlichte, reiste Tyndale nach Wittenberg, um in Erfahrung zu bringen, wie er am besten die Heilige Schrift in seine eigene Muttersprache übersetzen konnte.

Als sich die Reformationsbewegung ausbreitete, wurde Luther gebeten, zu erklären, wie solch ein mächtiges Werk Wirklichkeit werden konnte. Luther antwortete:

> Ich hab allein Gottes Wort getrieben, gepredigt und geschrieben, sonst habe ich nichts getan. Das hat, wenn ich geschlafen habe, wenn ich wittenbergisches Bier mit meinem Philippo und Amsdorf getrunken habe, so viel getan, daß das Papsttum so schwach geworden ist, daß ihm noch nie ein Fürst oder Kaiser so viel abgebrochen hat. Ich habe nichts getan, das Wort hat es alles gehandelt und ausgerichtet.[46]

## Auslegungsprediger (1522)

In Wittenberg wurde Luthers Hingabe bezüglich des Vorrangs des Wortes Gottes in seinem Kanzeldienst deutlich. Im Hinblick auf seine Berufung sagte Luther: „Wenn ich heute ein König oder Kaiser werden könnte, würde ich mein Amt als Prediger nicht aufgeben.“[47] An einem gewöhnlichen Sonntag predigte Luther zweimal und an einigen Sonntagen sagte er: „Oft predige ich vier Predigten an einem Tag.“[48] Der Tag begann mit einem frühen Gottesdienst, an dem Luther eine Predigt aus den Briefen hielt. Am späten Vormittag hielt er eine andere Predigt aus den Evangelien. Auf diese folgte oft eine Nachmittagsbotschaft aus dem Alten Testament.

Zusätzlich predigte Luther zwei- oder dreimal während der Woche. An Feiertagen predigte er oft zweimal. Sein unermüdlicher Antrieb auf der Kanzel wird deutlich an der atemberaubenden Anzahl der Predigten, die er hielt. 1522 predigte er 117 Sonntagspredigten in Wittenberg und 137 Predigten im Jahr darauf. Es gab zusätzliche Predigten, die er unterwegs hielt. Das waren für gewöhnlich zweihundert förmliche Predigten pro Jahr – oder fast vier pro Woche – oder alle zwei Tage eine Predigt.[49] Insgesamt predigte Luther über siebentausend Predigten zwischen 1510 und 1546.[50] Ungefähr 2300 von diesen Predigten sind erhalten geblieben.[51]

Luthers Predigen begann gegen die Traditionen Roms vorzugehen. Am 6. März 1523 beantragte der Reichstag von Nürnberg, dass die Veröffentlichung seiner Predigten gestoppt werden soll. Der Reichstag erklärte jedes Predigen außerhalb der römisch-katholischen Lehre für gesetzeswidrig. Aber Luther konnte nicht in der Verkündigung des Wortes aufgehalten werden. Am 1. Juni 1523 veröffentlichte Luther eine

Beschreibung des protestantischen öffentlichen Gottesdienstes, wie er in Wittenberg gefeiert wurde. Vorher war der ganze Gottesdienst, einschließlich der Predigt, auf Latein – eine Sprache, die dem gewöhnlichen Gemeindemitglied fremd war. Luther bestand darauf, dass die Predigten auf Deutsch gehalten werden mussten, damit sie verständlich waren. Der gemeinsame Gesang sollte ebenfalls auf Deutsch sein. Luther berief deutsche Musiker und Poeten, um Lieder zu entwickeln, damit man sie in der Kirche gebrauchen konnte und dies von allen in der Versammlung verstanden wurden.

1524 versammelte sich ein anderer Reichstag in Nürnberg und erneuerte den Bann Luthers. Aber zu dieser Zeit war diese überragende Gestalt so beliebt, dass eine Verhaftung ohne den Ausbruch eines Aufruhrs unwahrscheinlich war. Zu dieser Zeit veröffentlichte Luther ebenfalls ein Gesangbuch für die deutsche Kirche. Er schrieb persönlich viele dieser Worte und bediente sich der Melodie von bekannten Liedern. Luthers Ziel war es, das Wort weitestgehend in den Gedanken und Herzen der Menschen zu verankern, die so lange in geistlicher Dunkelheit lebten.

### Reformierter Theologe (1524-25)

Später, im Jahre 1524, brach ein neuer Konflikt um Luther aus. Am 1. September veröffentlichte der führende Humanist seiner Tage, Desiderius Erasmus von Rotterdam (1446-1536), eine Attacke gegen Luthers Sicht über die Knechtschaft des menschlichen Willens in Bezug auf geistliche Dinge. *Vom freien Willen* war ein frontaler Angriff auf den Glauben des Reformators über die völlige Verderbtheit der unerlösten Natur. Dieser Aufsatz von Erasmus war eine offene Kriegserklärung gegen Luthers reformierte Lehre über die radikale Verdorbenheit des menschlichen Herzens und Willens.

Trotz des Sündenfalls Adams, behauptete Erasmus, besäße der Mensch dennoch ein gewisses Maß an der Fähigkeit, um rettenden Glauben auszuüben. Er schrieb: „Durch freie Wahl … darunter verstehen wir die Kraft des menschlichen Willens, durch den der Mensch sich selbst die Dinge aneignen kann, die zur ewigen Errettung führen, oder sich von diesen abzuwenden vermag."[52] Dieser führende Denker argumentierte, dass der gefallene Mensch durch die innewohnende Sünde geschwächt, aber seine Willenskraft weiterhin aktiv ist. Er sagte, dass Gott und der Mensch gleichwertige Partner in der Erlösung sind. Jeder steuert etwas zur Wiedergeburt bei: Gott stellt die Gnade zur Verfügung und der Mensch den Glauben.

Indem er dieses Argument brachte, argumentierte er wie die Semipelagianer in der Auseinandersetzung mit Augustinus tausend Jahre zuvor. Erasmus argumentierte: „Welchen Zweck erfüllen all die Myriaden von Geboten, wenn es für den Menschen nicht möglich ist, in irgendeiner Weise das zu tun, was geboten wird?"[53] Er blieb dabei, dass, was auch immer Gott dem gefallenen Menschen gebietet zu tun, der Mensch sicherlich dazu die natürliche Fähigkeit besäße, es zu tun.

Luther jedoch lieferte keine direkte Erwiderung. Sein Schweigen führte viele dahin, zu glauben, dass Erasmus die Debatte gewonnen hatte, ohne dass Luther auch nur einen Schuss abfeuerte. Der große deutsche Theologe wartete ein ganzes Jahr, bis er seine Antwort veröffentlichte. Im Dezember 1525 verfasste Luther die Schrift, die sein *magnum opus* werden sollte, *Vom unfreien Willen*. Dieses Werk sollte sich als so herausragend erweisen, dass der große Theologe aus Princeton, Benjamin B. Warfield es pries als „das Manifest der protestantischen Reformation".[54] J.I. Packer begrüßte es als „eine brillante und belebende Darbietung, ein Meisterwerk", und „das großartigste Werk unter den theologischen Schriften, die von Luther geschrieben wurden".[55] *Vom unfreien Willen*, so schließt Packer, „ragt unübertroffen aus der Fülle aller Schriften Luthers heraus."[56]

Dieses brillante Buch befasste sich mit der moralischen Unfähigkeit einer unerlösten Person, das Evangelium Christi zu glauben. Im Vorwort dankte Luther Erasmus, dass er „zur Wurzel der Kontroverse" durchgedrungen war.[57] Anstatt, dass er ihn mit unbedeutenden Dingen belästigte, wie andere es taten, „über das Papsttum, das Fegefeuer, den Ablass und andere Dummheiten"[58], forderte Erasmus Luther im Zentrum heraus: „Weiter lobe und preise ich dich auch deshalb außerordentlich, dass du als Einziger von allen anderen die Sache selbst angegangen bist, das heißt den eigentlichen Kern der Sache …"[59] Erasmus hatte den vitalen Nerv der protestantischen Sicht der Errettung getroffen und Luther stand auf, um den Kern der Wahrheit zu verteidigen, dass Errettung allein aus Gnade geschieht.

Die Lehre von der Rechtfertigung aus Glauben alleine wurde auch der „Artikel, mit dem die Kirche steht oder fällt" genannt. Aber ein tieferes Problem ruht unter der Oberfläche: Was ist die Quelle des rechtfertigenden Glaubens? Oder anders gefragt: Hat der rettende Glaube seinen Ursprung beim Menschen? Besitzt ein unerlöster Mensch, tot in Sünden und verblendet durch Satan, die Fähigkeit, an Christus zu glauben? Oder muss rettender Glaube von Gott gegeben werden als ein Geschenk der souveränen Gnade? Luther war von Letzterem überzeugt.

Luther bestand darauf, dass der rettende Glaube verlangt, dass ein Mensch einsieht, dass er sich nicht selbst retten kann. Eine unerlöste Person muss wissen, dass sie nicht losgelöst von der souveränen Gnade glauben kann. Er argumentierte, dass die Fähigkeit, Christus zu vertrauen, von Gott kommen muss:

> Ganz und gar aber kann sich kein Mensch eher demütigen, bis dass er weiß, dass seine Seligkeit vollständig außerhalb seiner Kräfte, Absichten, Bemühungen, seines Willens und seiner Werke gänzlich von dem Belieben, Beschluss, Willen und der Tat eines anderen, nämlich Gottes allein, abhänge. Wenn er nämlich im Vertrauen auf sich selbst bleibt – und das tut er so lange, wie er sich einbildet, er vermöge auch noch so wenig für seine Seligkeit zu tun – und nicht von Grund auf an sich verzweifelt, so demütigt er sich deswegen nicht vor Gott, sondern vermutet oder hofft oder wünscht wenigstens Gelegenheit, Zeit oder irgendein gutes Werk, dadurch er dennoch zur Seligkeit gelange. Wer aber wirklich nicht daran zweifelt, dass alles vom Willen Gottes abhänge, der verzweifelt völlig an sich selbst, wählt nichts Eigenes, sondern erwartet den alles wirkenden Gott. Der ist am nächsten der Gnade und der Seligkeit.[60]

Luthers Sicht glich im Wesentlichen der von Augustinus, der ein Jahrtausend zuvor lehrte. Er stimmte mit dem Bischof von Hippo aus dem fünften Jahrhundert in Bezug auf die völlige Verderbtheit der menschlichen Natur überein. Luther bestand darauf, dass diese Kondition die göttliche Initiative notwendig mache, dem Sünder nachzugehen. Unbekehrte Menschen, so lehrte Luther, können nicht an Christus glauben, bis die wirksame Gnade in ihnen sie dazu befähigt, rettenden Glauben auszuüben. Luther schrieb:

> Ein Mensch, ohne den Geist Gottes, tut nichts Böses gegen seinen Willen, unter Druck, als ob er am Genick gepackt und dort hineingeschleudert würde, wie ein Dieb … gegen seinen Willen zur Strafe gezogen; sondern er tut es spontan und willentlich. Und diese Bereitschaft des Willens ist etwas, das er nicht aus eigener Kraft auslöschen, zurückhalten oder ändern kann. Er fährt fort, das Böse willentlich und verlangend zu tun; und wenn äußerlicher Druck ihn dazu drängt, anders zu handeln, so wird sein Wille nichtsdestotrotz abgeneigt sein, so zu handeln, und er ärgert sich unter solch einem Zwang und unter solch einer Opposition.[61]

Luther verglich den menschlichen Willen mit einem Pferd oder Esel, der in die Richtung läuft, die der Reiter bestimmt. Der Teufel diktiert den Weg der Unbekehrten, kontrolliert ihren an die Sünde gebundenen Willen. Im Gegensatz dazu leitet Gott die Entscheidungen der Bekehrten. Der Wille des Menschen wird sich seinem Meister unterordnen – entweder Satan oder Gott. Wenn jemand vom Teufel geführt wird, so argumentierte Luther, kann er Gott nicht gehorchen.

Bei dem Aufbau seines Falles sagte Luther, dass er viele „Generäle" mit unzähligen Soldaten und deren Befehl habe, die in die Schlacht geführt werden könnten. Aber nur zwei dieser hochrangigen Offiziere werden benötigt, um die vergebliche Vorstellung vom freien Willen zu verteidigen. Diese beiden Generäle sind der Apostel Johannes und Paulus, die leicht die lahmen und schwachen Argumente des Erasmus vernichten könnten. Anstatt die Freiheit des menschlichen Willens zu verteidigen, legte Luther in überzeugender

Weise eine ganze Reihe von biblischen Texten aus, um die Wahrheit der souveränen Gnade Gottes bei der Errettung zu unterstützen.

## Politischer Führer (1524-25)

Zu Beginn des Sommers 1524 sah sich Luther einer der schwierigsten Herausforderungen seines Lebens gegenüber: den Bauernkriegen. Zu dieser Zeit bestand die Unterschicht Deutschlands aus wenig mehr als Sklaven, die für die fordernden Landbesitzer arbeiteten. Sie waren überarbeitet und wurden schlecht behandelt. Infolgedessen brach ein Aufstand der Bauern gegen die oberen Klassen und den Adel im Südwesten Deutschlands aus.

Die Revolution wurde durch die Lehren Luthers und die vielen Veränderungen angeregt, die durch die Reformation entstanden. Luthers Angriff gegen die Tyrannei des Papstes, seine Betonung der christlichen Freiheit und sein Beharren auf dem Priestertum aller Gläubigen goss reichlich Öl ins Feuer dieses Klassenkampfes.

Viele der Bauern missbrauchten ihre geistliche Freiheit in Christus als eine fleischliche Lizenz, um sich in der Revolte gegen ihre Meister aufzulehnen. Tausende der gewöhnlichen Arbeiter zogen Luthers Lehren als Unterstützung für ihre Sache heran, als sie die tyrannischen Autoritäten stürzten, von denen sie vorher beherrscht wurden. Im Frühjahr 1525 erfasste diese Revolte ganz Deutschland. Wütende Bauern zerstörten die Paläste von Bischöfen und durchwühlten die Schlösser des Adels. Sie plünderten Felder und Gehöfte.

Dieser Aufstand veranlasste Luther, sich in die Auseinandersetzung einzumischen. Am 19. April 1525 veröffentlichte Luther ein ergreifendes Werk, *Ermahnung zum Frieden*, in dem er die Bauern dazu aufrief, sich den zivilen Autoritäten friedvoll unterzuordnen. Indem er Römer 13,1 und Matthäus 26,52 zitierte, flehte Luther den randalierenden Mob an, keine physischen Waffen in ihrem Aufstand zu tragen. Aber seine Worte stießen auf taube Ohren. Katholische Priester wurden verhaftet, gefoltert, erhängt, enthauptet und verbrannt.[62] In einer Gegenrevolte ermordeten katholische Fürsten viele protestantische Diener und hängten sie entlang deutscher Straßen auf. Rebellion regierte und Chaos herrschte.

Der Konflikt erreichte am 15. Mai 1525 einen neuen Höhepunkt der Brutalität in der Schlacht von Frankenhausen. Die Schlacht war ein Blutbad. Zigtausende Bauern wurden in den Straßen und Feldern abgeschlachtet und weitere dreihundert Bauern wurden enthauptet. Als Antwort verfasste Luther ein anderes Manifest, *Wider die mörderischen und räuberischen Rotten der Bauern*, in dem er die Bauern beschuldigte, das Werk des Teufels zu tun. Er nannte die Unterschicht „verrückte Hunde" und bat die Richter, sie zu „erstechen, töten und zu strangulieren".[63] Die Bauern glaubten, dass Luther, ihr Held, sie betrogen hatte.

Luthers Worte waren so heftig, dass er sich in einem offenen Brief mit dem Titel *Ein offener Brief über das harte Buch gegen die Bauern*, verteidigen musste. Er schrieb: „Mein kleines Buch wird stehen bleiben, auch wenn die ganze Welt darüber stolpert."[64] Hier gebrauchte Luther sogar eine noch heftigere Sprache, indem er behauptete, dass es nutzlos war, mit den Rebellen zu argumentieren. In der Hitze ihrer Leidenschaft verstehen Anarchisten nur die Faust und das Schwert.

Insgesamt wurden mehr als hunderttausend Bauern bei den Aufständen getötet. Viele Rebellen wurden enthauptet. Zahllose Leiber wurden verstümmelt. Witwen und Waisen wurden mittellos zurückgelassen. Schlösser und Klöster lagen in Asche. Ganze Dörfer wurden bis auf den Grund niedergebrannt. Vieh wurde getötet und die Ernte zerstört. Die rücksichtslose Schlacht wurde als großer Schaden der protestantischen Reformation betrachtet und einen Großteil der Schuld schob man dem großen deutschen Reformator in die Schuhe. Durch diesen schmerzhaften Konflikt wurde Luthers Durchhaltevermögen auf eine harte Probe gestellt.

## Hingegebener Ehemann (1525)

In Bezug auf sein häusliches Leben hatte Luther die unbiblischen Zwänge Roms hinter sich geworfen. Das beinhaltete auch die Lehre der Kirche vom Zölibat. Im Jahre 1525, im Alter von einundvierzig Jahren, entschied sich Luther Katharina von Bora zu heiraten, eine sechsundzwanzigjährige ehemalige Nonne. Er gab an, dass er sie heiratete, um „seinen Vater zufriedenzustellen, den Papst zu reizen und den Teufel zu verärgern."[65] Er tat es, um „die Engel zum Lachen und die Teufel zum Weinen zu bringen."[66] Für den Rest seines Lebens genoss Luther ein fröhliches und reiches Familienleben. Käthe sollte ihm sechs Kinder gebären, drei Jungen und drei Mädchen.

Später dann wurde Kurfürst Johann der Beständige durch Luthers große Familie und die zunehmenden Verpflichtungen seines Dienstes dazu veranlasst, Luther das örtliche Kloster in Wittenberg zu übertragen. Es war als das Schwarze Kloster bekannt. Luther bezog das große Haus im Jahre 1532. Dieses imposante Gebäude war ein dreistöckiger Bau mit vierzig Räumen, alleine auf der ersten Etage. Hier lebte Luther mit Käthe und ihren Kindern und lud viele seiner Studenten zu den Abendmahlzeiten ein. Seine Reden bei Tisch mit seinen Gästen wurden aufgezeichnet und in den berühmten *Tischreden* zusammengefasst.

Da Luthers theologische Schriften sich in ganz Deutschland und in den umliegenden Ländern verbreiteten, reisten Prediger, Studenten und Laien durch das ganze kontinentale Europa, England und Schottland, um ihn zu treffen. Unter diesen Anfragenden waren namhafte Personen, wie z.B. Patrick Hamilton, der erste schottische Prediger, der von der Wahrheit der Reformation gepackt wurde. Nachdem Hamilton Luthers Theologie in Schottland eingeführt hatte, wurde er in St. Andrews im Jahre 1528 als Märtyrer hingerichtet.

## Treuer Hirte (1527)

Bald wurde Luther mit anderen Widrigkeiten konfrontiert. Im Jahre 1527 wurde Luther dermaßen auf die Probe gestellt, dass der Kirchenhistoriker Philip Schaff dieses Jahr als „das Jahr des Desasters“[67] beschrieb. Es war die Zeit der „härtesten geistlichen und physischen Kämpfe“[68] Luthers. Als die führende Person der Reformation zahlte Luther einen hohen Preis im Kampf für die Wahrheit und seine physische Kondition verfiel unter den zunehmenden Verpflichtungen der Bewegung. Am 22. April 1527 wurde Luther auf der Kanzel von solch einem Schwindelgefühl übermannt, dass er mit dem Predigen aufhörte und gezwungen war, sich zu erholen. Andere körperliche Probleme folgten bei dem Reformator, einschließlich ernste Herzprobleme, Verdauungsprobleme und Ohnmachtsanfälle. Er begann auch emotional zu ermüden und litt an Schüben von Entmutigungen und Depressionen.

Am 6. Juli streckte ein anderer Angriff Luther nieder. Er unterhielt gerade Gäste beim Essen, als er ein intensives Brummen in seinem linken Ohr verspürte. Er musste ins Bett getragen werden, wo er verzweifelt um Wasser bat, ansonsten, so meinte er, würde er sterben. Luther kühlte so sehr aus, dass er davon überzeugt war, dass seine letzte Nacht angebrochen sei. In einem verzweifelten Gebet übergab er sich selbst dem Willen Gottes und bereitete sich darauf vor, seinem Schöpfer zu begegnen. Obwohl Luther einige Tage ernsthaft krank blieb, gelangte er schließlich wieder zu Kräften.

Im August wütete die Schwarze Pest unter den Einwohnern von Wittenberg. Viele starben, andere flüchteten um ihr Leben. Die Universität von Wittenberg zog nach Jena in Deutschland. Friedrich drängte Luther zu gehen, um sein eigenes Leben zu retten. Zusätzlich zu dieser Gefahr war Käthe schwanger und sie hatten ein einjähriges Kind, Hans. Luther bestand jedoch darauf, dass es seine moralische Pflicht sei, zu bleiben und den Kranken zu dienen.

Schwere Prüfungen lasteten auf den Schultern Luthers. Der Tod umgab ihn von allen Seiten. Er sah, wie Menschen in seinem Haus und auf der Straße starben. Er entschloss sich dazu, sein geräumiges Haus in ein Krankenhaus zu verwandeln, um für die an der Plage Leidenden zu sorgen. Hans wurde hoffnungslos krank und Luther wurde so stark belastet, dass er elf Tage lang nichts essen konnte. Er war tief um Käthes Sicherheit besorgt und wurde durch Verzweiflung geschwächt.

In einem Brief an seinen vertrauensvollen Freund und Mitarbeiter Philipp Melanchthon bekannte Luther seine wachsenden Anfälle von Depressionen:

> Ich verbrachte mehr als eine Woche im Tod und in der Hölle. Mein ganzer Körper schmerzte und ich zittere noch immer. Völlig verlassen von Christus arbeitete ich unter Schwanken und Stürmen der Verzweiflung und Lästerung gegen Gott. Aber durch die Gebete der Heiligen hatte Gott Erbarmen mit mir und zog meine Seele aus diesem Inferno.[69]

Im November schrieb Luther ein theologisches Traktat mit dem Titel: *Ob man vor dem Sterben fliehen möge.*[70] Er argumentierte, dass ein geistlicher Leiter bei der Gemeinschaft der Gläubigen, die seiner Leitung anvertraut sind, in Zeiten extremer Zwangslagen bleiben muss. Sicherlich galt der Ausbruch der Schwarzen Pest als eine solche Krise, als extremer Stress sich schwer auf sein Herz legte und seinem Körper die Kraft entzog. Aber in seiner Schwachheit fand Luther neue Stärke in Gott.

## Kirchenlieddichter (1527-29)

Während dieser schwierigen Jahre, die angefüllt waren mit Kontroversen, dem Tod und vielen Plagen, verfasste Luther sein berühmtestes Kirchenlied: „Ein feste Burg ist unser Gott.“ Dieses großartige Werk basiert auf Psalm 46, einem Lobpreis des unerschütterlichen Vertrauens in Gott. Über viele Jahre hat Luther das Buch der Psalmen übersetzt und gelehrt, ein Buch, das er innig liebte. Diese inspirierte Sammlung von antiken Lobpreisliedern war tatsächlich das erste Bibelbuch, das Luther in der Schule unterrichtete. Eine Auslegung von ausgewählten Bußpsalmen war das Thema seines ersten gedruckten Werkes.

In harten Zeiten, wenn sich Luther oft schrecklich entmutigt und niedergeschlagen fühlte, wandte er sich an Melanchthon und bemerkte: „Kommt, Magister Philipp, wir wollen den 46. Psalm anstimmen.“[71] Sie sangen es dann in Luthers Originalfassung:

Ein feste Burg ist unser Gott,
Ein gute Wehr und Waffen.
Er hilft uns frei aus aller Not,
Die uns jetzt hat betroffen.[72]

Bezugnehmend auf das Singen seines Lieblingspsalmes sagte Luther:

> Wir singen diesen Psalm zum Lob Gottes, weil Gott mit uns ist und machtvoll und wunderbar seine Kirche und sein Wort bewahrt und sie verteidigt gegen alle fanatischen Geister, gegen die Pforten der Hölle, gegen den unversöhnlichen Hass des Teufels und gegen alle Angriffe der Welt, des Fleisches und der Sünde.[73]

Aus Luthers dunkelstem Leid strahlte das helle Licht der Zuversicht in Gott hervor. Philip Schaff staunt darüber, dass dieses monumentale Kirchenlied aus solchen Mühen entstehen konnte, und betont: „Die tiefste Trauer und der höchste Glaube treffen oft zusammen."[74] Dies war bei Luther der Fall, denn „Eine feste Burg ist unser Gott" wurde „geboren aus tiefster Bedrängnis und siegreichen Glauben."[75]

## Protestantischer Führer (1528-29)

Als die schwarze Pest schließlich verschwand und die Reformation wieder in Schwung kam, breitete sich Luthers Einfluss weiter durch ganz Deutschland aus. Die Hauptstädte Deutschlands hießen die protestantische Sache willkommen. Unter diesen Metropolen waren Erfurt, Magdeburg, Nürnberg, Straßburg und Bremen. Andere deutsche Fürstentümer folgten dem Beispiel: Hessen, Brandenburg, Brunswick-Lüneburg, Schleswig-Holstein, Mansfeld und Schlesien.[76] Ein imposantes Monument, das bis heute in Worms steht, listet die Städte auf, die sich Luther und seiner protestantischen Sache anschlossen.

Im März 1529 veröffentlichte Luther seinen „Kleinen Katechismus", eine kurze theologische Erklärung, die geschrieben wurde, um die deutschen Laien in gesunder Lehre zu unterweisen. Dieser Katechismus, so schreibt Schaff, ist Luthers „bestes Werk“ und „trägt den Stempel seines religiösen Genies und ist, neben seiner Übersetzung der Bibel, sein nützlichstes und beständigstes Werk.“[77] Dieses Lehrstück wurde geschaffen, um der beklagenswerten Unwissenheit der Menschen in Bezug auf biblische Wahrheiten zu begegnen. Seiner Einschätzung nach waren die deutschen Gemeindeversammlungen traurigerweise selbst in den grundlegendsten Wahrheiten des Christentums ungebildet. Luther klagte:

> Die einfachen Leute, insbesondere in den Dörfern, haben keine Ahnung von jeglicher christlichen Lehre, und, ach: Viele Prediger sind völlig unfähig und inkompetent zu lehren … Nichtsdestotrotz, halten sich alle für Christen, wurden getauft und haben die [gewöhnlichen] heiligen Sakramente empfangen. Dennoch können sie nicht das Vaterunser zitieren oder das Glaubensbekenntnis oder die Zehn Gebote: Sie leben wie dummes Vieh und unvernünftige Schweine; und nun, wo das Evangelium gekommen ist, haben sie schön gelernt, die Freiheit wie Experten zu missbrauchen.[78]

Der Kleine Katechismus war dazu gedacht, die Kirchenmenschen in den Lehren zu gründen, die sie so dringend brauchten. Luther fügte in seine Lehrmaßnahme das ein, was die drei grundlegenden Bestandteile eines typischen reformatorischen Katechismus werden sollten. Diese drei Unterteilungen waren die Zehn Gebote, das Apostolische Glaubensbekenntnis und das Vaterunser. Luther fügte zusätzlich Einheiten über die Sakramente der Taufe und des Abendmahls hinzu.

Diesem didaktischen Werk folgte im Mai 1529 der Große Katechismus. Das war eine erweiterte Fassung der ersten Schrift. Anstatt, dass es sich des üblichen „Frage-Antwort-Schemas" bediente, nahm es eine Reihe von Punkten an, welche die Theologie auslegten.

Während Luther noch an diesem Werk schrieb, braute sich eine dogmatische Auseinandersetzung zwischen den Leitern der Reformation in Deutschland und den Leitern in der Schweiz zusammen. Dieser Disput betraf das Abendmahl. Man stimmte darin überein, dass die römische Lehre vom Abendmahl verworfen werden musste. Rom lehrte die Transsubstantiation, wonach die Substanzen von Brot und Wein zum tatsächlichen Leib und Blut Christi würden, während die Merkmale von Brot und Wein erhalten blieben. Huldrych Zwingli, Leiter der schweizerischen Reformatoren, lehrte, dass das Abendmahl lediglich ein Gedächtnis an Christi Tod sei. Er verstand die Worte Christi – „Dies ist mein Leib" – als metaphorisch, in dem Sinne, dass Brot und Wein lediglich Symbole des Leibes und Blutes Christi seien.

Luther jedoch beharrte auf mehr. Er glaubte, dass Christi Worte wörtlicher zu verstehen seien, und er beharrte darauf, dass Christi Leib und Blut tatsächlich neben den Elementen von Brot und Wein präsent seien (diese Sicht wird manchmal „Konsubstantiation" genannt, obwohl Luther diesen Begriff verwarf). Zwingli und die anderen Schweizer Theologen argumentierten, dass, weil der physische Leib Jesu zur Rechten des Vaters im Himmel ist, er nicht gleichzeitig in den Kirchen der christlichen Welt sein könne.

Um die wachsende Uneinigkeit zu klären, lud Landgraf Philipp I. von Hessen, ein Unterstützer der Reformation, zum Marburger Religionsgespräch ein. Am 1. Oktober 1529 trafen sich Luther und Zwingli, um ihre Differenzen zu klären. Um seine Position darzulegen, verwies Luther auf fünfzehn Glaubensartikel. Zwingli stimmte mit vierzehn dieser Artikel überein. Der fünfzehnte Artikel behandelte das Abendmahl. Die zwei Führer stimmten in fünf wesentlichen Punkten zu diesem Thema überein. Aber über den sechsten Punkt, bezüglich der Gegenwart Christi beim Abendmahl, konnten sich die beiden Reformatoren nicht einigen. Trotz diesem Versuch der Einigung reichte Luther Zwingli nicht die Hand zur Gemeinschaft. Eine Übereinstimmung wurde nicht erzielt und die protestantische Bewegung war gespalten.

Der Bruch zwischen Luther und Zwingli konnte nicht gelöst werden. Der Historiker Ludwig Häusser schreibt: „Der leidenschaftliche intolerante Geist des Mönchs, von unnachgiebiger antiker Scholastik geprägt, der keinen Widerspruch duldete, kam in ihm auf; der einfache gemäßigte Charakter des Schweizer Reformators war ihm zuwider, und er überwand niemals sein Misstrauen ihm bzw. seiner Lehre gegenüber."[79] Der Bruch sollte niemals heilen.

Trotz dieses Rückschlags fand Luther Einigkeit, als er wieder nach Hause kam. Kaiser Karl V. berief 1530 den Reichstag in Augsburg ein, in dem Versuch, die Spannungen zwischen den deutschen Protestanten zu lösen. Zu dieser Zeit war Luther ein Flüchtling des Reiches und so war es ihm nicht möglich, daran teilzunehmen. Aber seine Abwesenheit wurde durch verschiedene seiner Schriften ausgeglichen und Melanchthon vertrat ihn auf dem Reichstag. Sein Werk fand Anerkennung, als der Reichstag Melanchthons Augsburger Bekenntnis annahm, in dem Luthers lehrmäßige Reformen festgelegt waren. Es erhielt die Genehmigung der deutschen Fürsten und anderer Leiter und wurde somit zu einem der wichtigsten Gründungsdokumente der lutherischen Bewegung.

## Eine Dekade des Konflikts (die 1520er Jahre)

Die 1520er Jahre erwiesen sich als eine turbulente Zeit für Luther, in der er sich in vielen Kämpfen wiederfand. Angesichts der zunehmenden Herausforderungen kämpfte Luther den guten Kampf des Glaubens und blieb in seiner Hingabe an die Wahrheit der Bibel unerschütterlich treu. Durch diese Leiden wuchs er tiefer in der Wahrheit und wurde stärker im Glauben.

Luther erkannte, dass diese Konflikte dem göttlichen Plan entsprachen, um aus ihm den Theologen zu machen, von dem Gott wollte, dass er es sei. In der Erläuterung von Psalm 119 brachte der Reformator seine Überzeugung darüber zum Ausdruck, was er als den richtigen Weg ansah, um Theologie zu studieren. Er bekräftigte drei Dinge, die für das Studium der biblischen Lehre unabdingbar sind: „Darin wirst du drei Regeln finden, durch den ganzen Psalm reichlich vorgestellt. Und heißen also: *Oratio, Meditatio, Tentatio.*"[80] Diese drei lateinischen Wörter bedeuten übersetzt „Gebet", „Meditation" und „Anfechtung". Es ist diese dritte Grundvoraussetzung, die unsere Aufmerksamkeit verdient. Luther nennt *tentatio* „den Prüfstein", um die Wahrheit zu lernen.

Luther glaubte, dass Anfechtungen im Leben eines jeden Gläubigen, insbesondere eines Theologen, notwendig seien, um in der Wahrheit zu wachsen. Über die Anfechtung sagte er: „… die lehrt dich nicht allein wissen und verstehen, sondern auch erfahren, wie recht, wie wahrhaftig, wie süß, wie lieblich, wie mächtig, wie tröstlich Gottes Wort sei, Weisheit über alle Weisheit."[81] Mit anderen Worten bestand Luther darauf, dass die Theologie etwas sei, das man nicht nur in der Sicherheit der Vorlesungsräume erlerne, sondern in den Flammen der Not. In feurigen Prüfungen wird man gedemütigt und gebrochen. Es sind diese Momente, in denen ein Leiter belehrbar gemacht wird. In schwierigen Zeiten scheint das erleuchtende Werk des Heiligen Geistes oftmals heller. Gebrochene Herzen sorgen für aufnahmebereite Gedanken.

Während der Diener Gottes am Wort dient, nehmen solche Anfechtungen an Intensität zu. Luther erklärte: „Denn sobald Gottes Wort ausgeht durch dich, so wird dich der Teufel heimsuchen, dich zum rechten Doktor machen und durch seine Anfechtung lehren, Gottes Wort zu suchen und zu lehren.“[82] Luther dankte dem Teufel und den Papisten, „dass sie mich durch des Teufels Toben so zerschlagen, so bedrängt und geängstet, das ist, einen rechten, guten Theologen gemacht haben, wohin ich sonst nicht gekommen wäre.“[83]

Inmitten der zunehmenden Konflikte steht Luther als ein hoch aufragendes Beispiel für die standhafte Loyalität gegenüber dem Evangelium, die von Gott gefordert wird. Der Dienst ist niemals ohne Schwierigkeiten. Es gibt keine leichten Orte, um dem Herrn zu dienen. In gefährlichen Zeiten demonstrierte Luther die unnachgiebige Hingabe, die notwendig ist, um durchzuhalten.

*Kapitel 3*

# TREU BIS ANS ENDE: LUTHER IN SEINEN SPÄTEN JAHREN (1530-1546)

DAVID B. CALHOUN

Martin Luther war vierunddreißig Jahre alt, als er die 95 Thesen schrieb. Er war siebenunddreißig, als er von der römisch-katholischen Kirche exkommuniziert wurde, einundvierzig, als er die ehemalige Nonne Katharina von Bora heiratete und sechsundvierzig, als das Augsburger Bekenntnis 1530 zustande kam. Dieses Ereignis markiert „eine überzeugende Trennlinie zwischen dem jungen und dem alten Luther", schreibt Mark U. Edwards.[84]

Die meisten Luther-Biografien beenden praktisch die Karriere des Reformators mit dem Reichstag zu Augsburg, wie es z.B. die Lutherfilme von 1953 und 2003 zeigen. Einige Neuerscheinungen haben jedoch versucht, Luthers späterem Leben gerecht zu werden: *Luther: An Experiment in Biography* von H.G. Haile, *Luther's Last Battles* von Edwards und der dritte Band von Martin Brechts Biografie *Martin Luther: Die Erhaltung der Kirche 1532-1546.*[85]

1530 war Luther ein Mann mittleren Alters, aber er fühlte sich alt. „Die Jahre stapeln sich."[86] Er erlebte ebenfalls ernsthafte Episoden beängstigender, schmerzvoller Krankheit. Im März 1531 schrieb Luther: „Ich nehme wahrlich an Stärke ab, insbesondere im Kopf. Es hindert mich am Schreiben, Lesen und am vielen Sprechen, und ich lebe wie ein kranker Mann."[87] Im darauf folgenden Jahr musste er das Predigen für eine Zeit aufgeben, da Schwindelanfälle es für ihn unmöglich machten, eine Predigt zu beenden. Zu gewissen Zeiten kämpfte er mit einer tiefen Depression. „Ich kann den Gedanken nicht aus meinem Verstand verbannen", sagte er, „wenn ich mir wünsche, dass ich niemals [die Reformation der Kirche] begonnen hätte. So auch wenn ich wünschte, ich wäre lieber tot, als dass ich Zeuge einer solchen Verachtung [gegenüber dem Wort Gottes und seinen treuen Dienern] sein muss."[88]

Nach Roland Bainton hatten seine Kämpfe und Arbeiten und seine darunter leidende Gesundheit ihn zu einem „reizbaren alten Mann gemacht …, der streitsüchtig, verdrießlich, unbeherrscht und zuzeiten regelrecht grob war."[89] Doch Bainton schreibt auch: „Bis zu seinem Tode predigte er, hielt Vorlesungen, gab Rat und schrieb … Luthers spätere Jahre sind bei alldem ganz und gar nicht nur das Aufflackern einer verlöschenden Lampe."[90]

Trotz des fortgeschrittenen Alters, chronischer Krankheit und schwächenden Depressionen gab Luther sich selbst zur Erhaltung der Kirche, für deren Entstehung und Definition er so viel investiert hatte. Brecht schreibt im Vorwort des dritten Bandes seiner Lutherbiografie: „Der Untertitel dieses Bandes besagt, um was es dem alten Luther allenthalben ging: die Erhaltung der Kirche."[91] Brecht bestätigt Luthers Bitterkeit gegenüber seinen Feinden, Unhöflichkeit gegenüber seinen Freunden und „dass ihm in der Praxis wie in der Theorie immer wieder auch erhebliche Fehler unterliefen". Er folgert jedoch: „Bedeutender dürften bis zum Ende die positiven Leistungen und die tiefen Einsichten geblieben sein. Schärfe und Resignation verdrängten nie die zarten Töne und das aus dem Rechtfertigungsglauben lebende Grundvertrauen zu Gott, und darin bestand trotz aller Spannungen die bleibende Geschlossenheit seiner Persönlichkeit."[92]

### Das Leben zu Hause

Luther, unter dem Bann des Kaisers und der Kirche, lebte und arbeitete für den Rest seines Lebens in Kursachsen. Im Jahre 1525 wurde Kurfürst Friedrich der Weise von seinem Bruder Johann abgelöst und im Jahre 1532 von Johanns Sohn Johann Friedrich, der Luther als seinen Mentor ansah. Ein anderer Teil von Sachsen wurde von Georg dem Bärtigen regiert, einem gelehrten und treuen Römisch-Katholischen, mit dem Luther ständig in immer schärfere schriftliche Auseinandersetzungen geriet.

Luther lebte in Wittenberg, im ehemaligen Schwarzen Kloster, gemeinsam mit seiner Frau und der wachsenden Familie. Ohne Katharina wäre der reife Luther unverständlich geblieben. Ihre zweckmäßige Ehe wurde zu einer glücklichen. 1531, nach sechs Jahren Ehe, sagte Luther: „Ich wolt mein Ketha nicht für Venedig und Frankreich eintauschen."[93] Er beschrieb den Brief an die Galater, den er so innig liebte, als „meine Käthe von Bora".[94] „Nichts ist süßer als Frauenliebe – kann ein Mann so glücklich sein", schrieb Luther an den Rand neben Sprüche 31 in seiner deutschen Bibelübersetzung. Die Worte wurden ihm von einer Dame in Eisenach gesagt, als er noch ein Schuljunge war.[95]

In seinem Genesis-Kommentar schrieb Luther: „Mit der Frau, mit der mich Gott verbunden hat, ist es erlaubt zu scherzen, zu spielen und schmeichelnd zu reden…“[96] Aber für Luther war eine gute Ehe mehr als nur Freude. Sie beinhaltete intellektuelle Gesellschaft und erforderte gegenseitiges Vergeben und Vergessen. Luther und seine Frau waren beide realistisch in Bezug auf die Ehe und in Bezug auf sich selbst. Er gab zu, dass Käthe „einige Mängel“ aufwies, aber dass sie „durch viele großartige Tugenden aufgewogen wurden.“[97] Luther neckte sie, und gelegentlich redete er hart mit ihr und über sie, aber gewöhnlich nahm sie es mit einem guten Geist auf. Als Luther 1542 ein Testament aufsetzte, war er insbesondere um Käthes Zukunft besorgt, denn nach dem sächsischen Erbrecht, würde sie nur wenig erhalten.

Luther und seine Frau liebten einander und sie liebten sich in geschlechtlicher Hinsicht. Sie hatten sechs Kinder. Luther war fast dreiundvierzig bei der Geburt ihres ersten Kindes, Hans, und zweiundfünfzig, als Margaret, ihre Jüngste, geboren wurde. Er erfreute sich an seinen Kindern; sie waren für ihn die „schönste Freude“.[98] Er schrieb einen reizenden Brief an den vierjährigen Hans, indem er für den kleinen Jungen eine Geschichte über einen schönen Garten mit leckeren Früchten und kleinen Ponys mit goldenem Zaumzeug und silbernen Sätteln ausdachte, um Hans zum Lernen, zum Beten und zum Gutsein zu motivieren.[99] Luther konnte mit seinen Kindern mitunter übellaunig und gelegentlich zu streng sein, aber er liebte sie innig und war stets bereit, von ihnen wichtige geistliche Lektionen zu lernen.[100]

Luther war davon überzeugt, dass er sein Werk nicht ohne Käthe tragen könne. Er war notorisch unbeholfen in häuslichen und finanziellen Dingen und machte sich wenig Gedanken über die alltäglichen Dinge. Seine praktisch veranlagte Frau pflanzte einen großen Garten, betrieb ihre eigene Brauerei und behandelte die Krankheiten ihres Mannes mit der Expertise eines Arztes. Sie kümmerte sich um den ständigen Strom von Verwandten, Studenten und Besuchern in ihrem Zuhause in Wittenberg, indem sie „ein Modell für den lutherischen Haushalt für Jahrhunderte“[101] kreierte. Luther erkannte in Käthe „seine Hauptstütze in dieser Welt … Seine Ehe mit ihr war der größte einzelne Einfluss in seinem Leben und Denken nach der Zeit im Kloster.“[102] Eine kurze Zeit bevor er starb, bat er seine versammelten Freunde, Käthe zu trösten, die „mir nicht nur als meine Frau, sondern auch als meine Assistentin diente.“[103]

## Zusammengefasste Lehre

Das Jahr 1530 war ein schwieriges Jahr für Luther. Der Reichstag traf sich in Augsburg. Es war eine wichtige Konfrontation zwischen den katholischen und lutherischen Vertretern in der Gegenwart von Kaiser Karl V. Luther, der immer noch ein Gesetzloser war und ohne sicheres Geleit, konnte selbst nicht teilnehmen. Indem er jedoch auf der Veste Coburg verweilte, kam er so nahe wie möglich heran, blieb jedoch innerhalb der sicheren Grenzen von Kursachsen. Fünf Monate lang war er wieder „in der Wildnis“ wie damals auf der Wartburg. Es gab für ihn nichts zu tun, als zu lesen, denken, schreiben, beten und sich zu sorgen. An die Wände seiner Studierstube auf dem Schloss schrieb Luther verschiedene Verse aus den Psalmen. Einer war Psalm 118,17: „Ich werde nicht sterben, sondern leben und die Taten des HERRN verkündigen.“ Er ermutigte sich selbst durch den Gedanken, dass, „obwohl die Sache groß ist, so ist derjenige, der sie herbeigeführt hat, der sie führt und leitet, ebenfalls groß, ja, es ist der allmächtige Schöpfer des Himmels und der Erde. Dies ist durchaus nicht unsere Sache, warum also sollten wir uns darüber selber quälen oder uns selbst zu Tode plagen?“[104]

Luther sorgte sich darum, dass Philipp Melanchthon den Katholiken zu sehr nachgeben würde, aber am Ende war er außerordentlich zufrieden mit dem Augsburger Bekenntnis. Er empfand den moderaten Ton besser, als alles, was er selbst hätte erreichen können. „Ich finde darin nichts zu verbessern oder zu verändern, auch wäre dies nicht notwendig“, schrieb Luther, „da ich nicht so sanft und ruhig aufzutreten vermag.“[105]

Jahre später, 1537, während er an Herzproblemen litt, schrieb Luther, auf Anfrage von Kurfürst Johann Friedrich, eine Reihe von lehrmäßigen Aussagen auf, die als Vorbereitung auf das erwartete Generalkonzil gedacht waren. Auf dieses Konzil hatte man lange gewartet; jetzt fürchteten Luther und die Protestanten sich davor. Im Vorwort kündigte er an, dass er immer noch lebendig und „jeden Tag immer noch am schreiben, predigen und Vorlesungen halten war.“ Er sagte dann, dass „über seine persönlichen und vollkommen ausgearbeiteten Ansichten über das, was zählte, keine Kompromisse gemacht werden konnten.“[106] Der Glaube an Christus ist „der erste und der Hauptartikel“. Luther schrieb: „Wir halten fest, dass der Mensch gerechtfertigt ist, ohne die Werke des Gesetzes, durch Glauben … Von diesem Artikel ist keine Abweichung möglich, selbst wenn Himmel und Erde vergehen.“[107] Nach Luthers Tod erhielt dieses Werk den Titel *Die Schmalkaldischen Artikel* und wurde 1580 in das Konkordienbuch eingefügt. Diese Artikel, die seine Theologie zusammenfassen, waren in einem wichtigen Sinne sein letzter Wille und sein Testament. Er schrieb, dass „diejenigen, die nach mir leben, [werden] mein Testament und mein Bekenntnis haben, um zu zeigen, wo ich bis jetzt stand und wo ich, durch die Gnade Gottes, auch weiterhin stehen werde."[108] 1520 schrieb der junge Martin Luther in *An den christlichen Adel deutscher Nationen*, dass Christus als seine Repräsentanten auf der Erde keine Päpste und Prälaten sucht, sondern Pfarrer als Diener in der gleichen Art, wie er selbst über die Erde ging, indem er „arbeitete, predigte, litt und starb."[109]

Später, im Jahre 1531, beschrieb Luther sein Arbeitspensum: „Viermal in der Woche predigte ich öffentlich, zweimal in der Woche hielt ich Vorlesungen, und zusätzlich verhandelte ich [pastorale Seelsorge], schrieb Briefe und arbeitete an der Veröffentlichung eines Buches."[110] Predigen, Lehren, Seelsorge üben und Schreiben – diese Aufgaben vereinnahmten Luther für die letzten fünfzehn Jahre seines Lebens.

## Ein Mann der Bibel

Vor allem anderen aber war Martin Luther ein Mann der Bibel. Sein ganzes Leben widmete er dem Studium der Bibel, ihrer Übersetzung und predigte und lehrte sie. Im Oktober 1532 bemerkte Luther: „Seit einigen Jahren nun habe ich die Bibel zweimal im Jahr durchgelesen. Wenn man sich die Bibel als einen gewaltigen Baum vorstellt und jedes Wort wie einen kleinen Ast, dann habe ich jeden dieser Zweige geschüttelt, denn ich wollte wissen, was es war und was es bedeutet."[111] Und er wollte, dass andere, insbesondere seine deutschen Landsleute, die Bibel ebenfalls für sich selbst lasen und studierten. Im September 1534 erschien die erste vollständige Wittenberger Bibel, von Luther übersetzt ins lebendige Alltagsdeutsch. „Er hat tatsächlich dem Volk ‚aufs Maul geschaut', die Sprache des gemeinen Mannes war ihm nicht zu schäbig für die Sprache Gottes."[112]

Luther fuhr fort – mit der Hilfe anderer -, an seiner Bibelübersetzung zu arbeiten, sie zu revidieren und zu perfektionieren. Jeden Mittwoch und Donnerstag vor dem Abendessen, vom Sommer 1539 bis zum Beginn des Jahres 1541, versammelte er eine Gruppe von Gelehrten – seinen „Sanhedrin", wie er sie nannte –, um ihm bei der Revision seiner Übersetzung des Alten Testaments zu helfen. Die letzte gedruckte Seite, auf die er jemals blickte, war der Probeabzug seiner letzten Revision des Neuen Testamentes. „Die deutsche Bibel ist Luthers edelstes Werk", schrieb Roland Bainton.[113]

Luthers Vorwort zum Alten Testament wurde revidiert, damit es zu seiner neuen Übersetzung des Alten Testamentes aus dem Jahre 1541 passte. Luther drängte dazu, dass Alte Testament zu lesen, weil dort, so schrieb er, „die exakten Worte, Werke, Gerichte und Taten der Majestät, Kraft und Weisheit Gottes, des Höchsten"[114] zu finden sind. 1546 revidierte Luther sein Vorwort zum Neuen Testament, um seine frische Übersetzung einzuleiten. Wieder einmal bestand Luther auf das, was er als die wichtigste Lehre der Bibel ansah: Was das Evangelium verlangt, sind keine guten Werke, sondern Glaube an Christus.

Die Zeit seiner letzten Jahren verbrachte Luther mit fröhlichem Lehren und Predigen der Bibel: „Aus der Schrift von damals wird Verkündigung für heute."[115]

1535 wurde Luther Dekan der Universität von Wittenberg, eine Position, die er für den Rest seines Lebens behielt. Für den älteren Luther ist kein Werk so aufschlussreich wie seine umfassenden *Vorlesungen zur Genesis*, die er von 1535 bis 1545 hielt. Trotz seines Beharrens auf der wörtlichen Bedeutung eines Textes ging Luther regelmäßig über den eigentlichen Text hinaus und ließ nur sehr wenige theologische Probleme unberührt. In diesen Vorlesungen finden wir, wie Heiko Oberman schreibt, „dichte Zusammenfassungen seiner Theologie".[116] Luther war jedoch mit seinem Werk nicht zufrieden. „Die Vorlesungen sind eilig zusammengeworfen und unzureichend", lamentierte er. „Ich kann der Sache nicht gerecht werden, während ich mit vielen Aufgaben beschäftigt bin. Viel zu schaffen und es gut zu machen, passt nicht zusammen."[117] Luther erzählte seinen Studenten, dass die „Genesis … ein charmantes Buch [ist] und besitzt wundervolle Geschichten. Ich kann es dennoch überhaupt nicht verstehen. Ich muss erst einmal für vier Jahre oder so tot sein, bevor ich völlig erfassen kann, was Schöpfung bedeutet und was die Allmacht Gottes ist."[118]

## Auf der Kanzel

Luther lehrte die Bibel an der Universität (wo er eine Generation von lutherischen Predigern vorbereitete) und er predigte sie in Wittenberg und an anderen Orten in Sachsen. Johannes Bugenhagen (von Luther auch Pomeranus genannt, da er in Pommern geboren war), der reguläre Pastor der Stadtkirche in Wittenberg, war regelmäßig in Kirchenangelegenheiten unterwegs, und selbst wenn er da war, ließ er oft Luther predigen. Luther kritisierte die Predigt seines Kollegen, wobei er mit Käthe übereinstimmte, dass Bugenhagen sich zu sehr von seinem Thema entfernte. „Pomeranus predigt auf eine Art, wie ihr Frauen gewöhnlich redet. Er sagt, was immer ihm in den Sinn kommt. Dr. Justus Jonas pflegt zu sagen: ‚Man sollte nicht jeden Soldaten, der einem begegnet, grüßen.'"[119] (Luthers Tischreden enthalten gelegentlich geringschätzige Kommentare über Frauen, vermutlich halb im Scherz. Immerhin hörte Käthe zu.)[120]

Luther nannte die Menschen von Wittenberg „meine

Gemeinde". Später, im Jahre 1536, bemerkte er: „Ich habe hier [in der Stadtkirche von Wittenberg] vierundzwanzig Jahre gepredigt. Ich bin so oft zur Kirche gegangen, dass es überhaupt nicht überraschend wäre, wenn ich dabei nicht nur meine Schuhe, sondern auch meine Füße auf dem Bürgersteig abgelaufen hätte."[121] „Wenn ich hier [in Wittenberg] predige", erzählte er einem besuchenden Pastor, „dann passe ich mich den Umständen der gewöhnlichen Leute an. Ich schaue nicht auf die Doktoren und Meister, von denen kaum vierzig anwesend sind, sondern auf die Hunderte oder Tausende von jungen Menschen und Kinder. Zu ihnen predige ich, ihnen widme ich mich, weil sie es auch verstehen müssen. Wenn die anderen nicht zuhören wollen, dann können sie gehen. Deshalb, mein lieber Bernhard, gebe dir große Mühe einfach und direkt zu sein."[122]

Luthers Predigten, lebendige biblische Auslegungen, waren einfach und klar, mit pointierten und manchmal scharfen Anwendungen, die nicht immer glücklich aufgenommen wurden. Luther sah Geiz, Gier und Wucher – nicht den christlichen Gebrauch der eigenen Güter – als ein ernstes Problem in Wittenberg an. Er warnte vor Unmoral und Trunksucht. Letzteres, so glaubte Luther, war die vorherrschende Sünde unter den Deutschen (obwohl er selbst sein deutsches Bier genoss). Luther wusste, dass es niemals eine sündlose Gemeinschaft auf der Erde geben könne, aber er erwartete, dass eine christliche Stadt wie Wittenberg mehr tatkräftigen Einsatz gegen die Laster erwies, als sie tatsächlich tat. Trotz der vielen pessimistischen Urteile, die er in seinen späten Jahren verkündigte, konnte Luther sagen: „Ich male mir kein trübes Bild von unserer Kirche aus, sondern lieber das einer Kirche, die durch eine reine und unverfälschte Lehre blüht und durch ausgezeichnete Diener von Tag zu Tag zunimmt."[123] Im Jahre 1545 schrieb er ein Gedicht darüber, wie die arme, kleine Stadt Wittenberg berühmt wurde „von Gottes Wort, das aus ihr leucht und viel Seelen zum Himmel zeucht".[124]

Luther war ein guter und effektiver Prediger, aber er war sich auch der Schwierigkeiten seiner Aufgabe sehr bewusst. „Ich hatte noch nie Schwierigkeiten mit meiner Unfähigkeit, gut zu predigen", sagte er, „aber mich schreckte und ängstigte oft der Gedanke, dass ich verpflichtet war, in Gottes Gegenwart über seine mächtige Majestät und göttliche Natur zu sprechen."[125] Im Frühjahr 1533 sagte Luther: „Wenn ich ein Buch über die Bürde eines Predigers schreiben würde, wie ich sie erlebt und kennengelernt habe, dann würde ich damit jedermann erschrecken."[126]

Luther kannte die Probleme und Herausforderungen des Predigens. Aber er kannte ebenfalls die Kraft, weil Gott in der Predigt war. Gott sagt zu uns: „'Predige! Ich werde das Wachstum schenken. Ich kenne die Herzen der Menschen.' Dies sollte unser Trost sein, selbst wenn die Welt über unser Amt lacht."[127] Luther sagte, dass er in seinen Predigten auch zu sich selbst predigte. Er bekannte: „Ich predige anderen, was ich selbst nicht tue."[128]

Ein Pfarrer fragte einmal Luther: „Ehrwürdiger Vater, lehre mich in kurzer Weise, wie man predigt." Luther antwortete: „Zuerst musst du lernen, wie man auf die Kanzel steigt. Zweitens, musst du wissen, dass du dort für einige Zeit stehen solltest. Drittens musst du lernen wieder herunterzukommen." Der Pastor war über diese anscheinend flapsige Antwort verärgert. Aber dann dämmerte ihm, dass der Doktor den Nagel auf den Kopf getroffen hatte. Luther erklärte, dass „jeder, der diese Ordnung befolgt, ein guter Prediger sein wird. Zuerst muss er lernen, auf die Kanzel zu steigen, dass bedeutet, er sollte eine ordentliche und göttliche Berufung haben. Zweitens muss er lernen, dort für eine Weile zu bleiben, das bedeutet, er sollte die reine und echte Lehre haben. Drittens muss er lernen wieder herunterzukommen, das bedeutet, er sollte nicht länger als eine Stunde predigen."[129] Luther praktizierte, was er predigte. „Ich habe diese Kunst gelernt", sagte er. „Wenn ich nichts mehr zu sagen habe, höre ich auf zu reden."[130]

Luther predigte bis zum Ende. Er hielt seine letzte Predigt am 15. Februar 1546, drei Tage vor seinem Tod. Der Ort seines Grabes wurde mit großer Sorgfalt ausgewählt – vor der Kanzel in der Schlosskirche zu Wittenberg, weil Luther die Kanzel als seinen wichtigsten Arbeitsplatz ansah.

## Spätere Schriften

Wenn Luther nicht predigte oder lehrte, dann schrieb er. Er schrieb Hunderte von Briefen während seiner letzten Jahre – im Ganzen ein Drittel seiner gesamten Korrespondenz – in denen er Anleitung, Rat, Trost, Korrektur und Ermahnung gab.

Luther produzierte pastorale Schriften, wie z.B. das charmante kleine Buch, das er seinem Freund und Barbier Peter Beskendorf schrieb, der Luther nach einer Anleitung für das Gebet bat. In diesem Buch mit dem Titel *Wie man beten soll* finden wir bei Luther „eine Ausgewogenheit, wie man sie in anderen Schriften über das Gebet selten antrifft."[131] Seine kurze Schrift *Ein Trost den Weibern welchen es ungerade gegangen ist mit dem Kindergebärn* erwuchs aus dem Anliegen, dass Mütter, deren Babys während oder nach der Geburt starben, wissen sollten, dass Gott nicht zornig auf sie ist, dass Sein „Wille … immer besser als unserer [ist], obwohl es von unserer menschlichen Warte aus anders erscheinen mag", und dass ihre Babys, obwohl ungetauft, nicht verloren sind, sondern durch das Gebet ihrer Eltern gerettet sind „angesichts der Verheißung, dass Gott willens ist, ihr Gott zu sein. Gott hat seine Kraft nicht auf die Sakramente reduziert, sondern hat mit uns einen Bund geschlossen durch sein Wort."[132]

Der alte Luther war vor allem ein praktischer Theologe, der hart arbeitete, um das Leben der Kirche entsprechend der neu entdeckten biblischen Lehren zu strukturieren. Er schrieb eine neue Verfassung für die lutherische Kirche. Die wichtigste Sache war für Luther nicht, wie die Kirche sich organisierte, sondern dass in ihr das Evangelium verkündet wurde. Tatsächlich überließ er einen großen Teil der Arbeit, die Kirchenordnung zusammenzustellen, jüngeren Kollegen wie Melanchthon und Bugenhagen – für die weite Reisen weniger schwierig waren als für den alternden und oftmals kranken Luther – und sah, wie sie vollendet wurde.

Die Bibel, der Katechismus, die Liturgie und das Gesangbuch – die Nöte der reformatorischen Kirche –, um alles kümmerte sich Luther selbst. Luther betonte den Gemeindegesang, um die Laien zur Teilnahme am Gottesdienst zu ermutigen und um die einfachen Leute durch die Worte der Hymnen zu lehren. Seine Liebe zur Musik – er betonte, dass nach der Theologie die Musik als Zweites käme, um der menschlichen Seele Trost zu spenden – und die Kirchenlieder, die er schrieb, und jene, die er inspirierte, begründeten seinen Ruf als „der Vater des deutschen Kirchenliedes."[133]

Luther war alarmiert zu entdecken, als er im Jahre 1528 die Kirchen in Sachsen besuchte, dass die gewöhnlichen Leute „kein Wissen von jedweder christlichen Lehre"[134] hatten. Er entwarf einen Großen Katechismus für Pfarrer und Lehrer und einen Kleinen Katechismus für den allgemeinen

Gebrauch. Der Kleine Katechismus wurde Luthers am häufigsten gebrauchte Schrift in den Jahrhunderten nach seiner Erstveröffentlichung im Jahre 1529.

1544 weihte Luther in der Residenzstadt Torgau an der Elbe das erste Kirchengebäude für einen protestantischen Gottesdienst in Deutschland. Luther glaubte, dass „gute, bescheidene Kirchen mit niedrigen Bögen für Prediger und Zuhörer am besten seien, denn der Zweck dieser Gebäude ist nicht das Brüllen und Heulen der Choristen, sondern das Wort Gottes und dessen Verkündigung."[135]

*Von den Konzilien und Kirchen* war die grundlegendste Schrift aus Martin Luthers späteren Jahren. Er schrieb sie in der Erwartung eines katholischen Konzils, das tatsächlich erst nach seinem Tod einberufen wurde. *Von den Konzilien und Kirchen* war „ein Werk von profunder historischer und theologischer Gelehrsamkeit", schreibt Jaroslav Pelikan.[136] Darin zeichnet Luther eine immense historische Dokumentation nach, um die Rolle der Kirchenkonzile zu definieren und gibt eine Abschlusserklärung zur exklusiven geistlichen Natur der Kirche. Er erklärt deutlich die Verschiedenheit und Verbundenheit zwischen der sichtbaren Kirche und der verborgenen, oder wie sie später von Protestanten genannt wurde, der „unsichtbaren" Kirche. Luther beschreibt sieben Merkmale der Kirche: Predigt, Taufe, Abendmahl, Absolution, Ordination, Gottesdienst und Leiden und Verfolgung. Für Luther besteht der Kern der Sache darin, dass weder das Gebäude noch die Institution, noch die Struktur die Kirche ausmacht, sondern die versammelte Gemeinde, das Volk Gottes. Luther hatte in den Schmalkaldischen Artikeln geschrieben, dass „ein siebenjähriges Kind weiß, was die Kirche ist, nämlich heilige Gläubige und Schafe, welche die Stimme ihres Hirten hören."[137]

Erst in seinen späteren Jahren fand Luther die Gelegenheit, intensiver die Kirchengeschichte zu studieren. Zu seiner Freude entdeckte er, dass historische Quellen die theologischen Überzeugungen unterstützten, die er direkt aus dem Lesen der Bibel bezogen hatte. Er gebrauchte dann sowohl die Geschichte als auch die Bibel, um die päpstlichen Behauptungen zu schwächen und um das Papsttum als das Königreich des Antichristen aufzuzeigen.

## Polemische Schriften

*Von den Konzilien und Kirchen* ist nicht nur ein wichtiges Werk der Ekklesiologie; es ist primär ein Beispiel für Luthers „polemisches Übermaß".[138] In seinen letzten Jahren produzierte Luther eine Fülle polemischer Schriften gegen eine bunte Mischung an Feinden – römische Katholiken, Erasmus, andere Protestanten (einschließlich abtrünniger Lutheraner, Zwinglianer und Wiedertäufer), Türken und Juden. Die Streitschriften des alten Luthers sind rabiater, beleidigender und vulgärer als die des jungen Luthers. „Ich hasse Erasmus im Grunde meines Herzens", erklärte er.[139] Er wetterte gegen Protestanten, die nicht mit ihm einer Meinung waren. Er sah keinen Grund, milder mit diesen „falschen Brüdern" zu sein, als er es mit seinen Gegnern aus Rom war. Huldrych Zwingli, Johannes Oekolampad, der Wiedertäufer, und zuweilen sogar Martin Bucer waren Instrumente des Teufels, so sagte Luther.

Luther erkannte, dass Zorn seine hartnäckige Sünde war. Er wusste, dass er mitunter „stolz und arrogant [war] – wie du in meinen Büchern sehen kannst, dass ich meine Feinde verachte. Ich halte sie für Narren."[140] Luther glaubte jedoch, dass sein Zorn einem nützlichen Zweck diente. „Zorn erfrischt all mein Blut, schärft meinen Verstand und vertreibt die

Anfechtungen", kommentierte er. Er sah sich selbst als „einen groben Waldmann, der einen Weg bereiten und den Pfad aushauen muss" an.[141] Luther gestand: „Ich wurde geboren, um in den Krieg zu ziehen und gegen Sekten und den Teufel zu kämpfen. Deshalb sind meine Bücher stürmisch und kriegerisch. Ich muss die Stümpfe und Klumpen ausreißen, die Dornen und Dornzweige abhacken."[142] Melanchthon stimmte zu. In seiner Trauerrede für seinen Freund stimmte er mit Erasmus' Aussage überein, dass „aufgrund der Fülle von Unordnung Gott dieser Zeit einen gewalttätigen Arzt gab."[143]

Einige haben den Versuch unternommen, Luther für seine harte Polemik zu entschuldigen oder sie zu mildern. Haile argumentiert, dass man diese Schriften nicht einfach abtun sollte „als reine emotionale Ausbrüche. Wenige Autoren hatten so viel Erfahrung im Schreiben wie er, und selten ist der Mensch, der so bedächtig seine eigene Seele erforschte. Luther wusste, was er tat."[144] Luthers Schmähungen waren „eine durchdachte rhetorische Taktik", argumentiert Edwards. Er konnte eine moderate, gut durchdachte Streitschrift schreiben, wenn die politischen Umstände es anrieten. „Wenn Luther hart und beleidigend wurde, dann geschah dies bewusst."[145] Edwards bemerkt, dass Luther „seine Attacken mehr gegen den Teufel [richtete], angeblich, um mehr den Gegner anzuspornen, als gegen den Menschen selbst zu sein."[146] Nach Luthers Ansicht verdiente der Teufel natürlich alle Beleidigungen, mit denen er überschüttet werden konnte. Kittelson behauptet, dass Luthers harte Worte „keinesfalls die emotionalen Wutausbrüche eines kranken alten Mannes [waren]. Stattdessen, wie die meisten öffentlichen Handlungen, erwuchsen sie aus einer Kombination von internen Überzeugungen und externen

Entwicklungen."[147] Gritsch betont, dass Luthers heftiges *Wider Hans Worst* „seinen meisterhaften Gebrauch der mittelalterlichen Schimpfwörter und seinen Witz aufzeigt, um die Unterschiede darzulegen, die er zwischen der wahren Kirche des Evangeliums und der falschen Kirche von Rom zog."[148]

Es wird häufig erwähnt, dass eine scharfe Polemik im 16. Jahrhundert üblich war und dass Luther lediglich einer gut etablierten Praxis folgte. Aber es scheint auch, als ob Luther mit seinen extremen Ausdrücken weit über seine Zeitgenossen hinaus gegangen ist. Manchmal bedauerte Melanchthon Luthers grobschlächtige Sprache. Auch Käthe widerstrebte es. Als Luther Kaspar Schwenkfelds Buch über Christus scharf kritisierte, unterbrach Käthe ihn: „Ah, mein lieber Herr, das ist viel zu grob!" Luther antwortete, dass Menschen wie Schwenkfeld ihn grob werden ließen, weil „dies die Art ist, mit der jemand mit dem Teufel reden muss."[149] Luthers Angriffe auf die Katholiken in *Wider Hans Worst* waren, wie Heinrich Bullinger an Martin Bucer schrieb, „ungehörig, völlig unbescheiden, vollkommen skurril und frivol."[150] Es ist schwierig, Luthers extreme Sprache zu lesen, ohne tief betrübt zu sein, dass ein großer Mann und ernster Christ nicht sehen konnte, dass es einen besseren Weg gab, um für die Wahrheit einzustehen. Indem er Erasmus rügte, schrieb Luther in *Vom unfreien Willen*, dass ein wahrer Christ sich an überzeugenden Glaubensaussagen erfreut: „Ich meine ein konstantes Festhalten, Bekräftigen, Bekennen, Dranbleiben und unerschütterliches Durchhalten."[151] Ja dazu; aber wie jemand dies tut, ist nicht unwichtig.

*Wider das Papsttum zu Rom, vom Teufel gestiftet*, die letzte große Streitschrift in Luthers Leben, wurde auf Bitten von Kurfürst Johann Friedrich geschrieben, um die Entschlossenheit der Protestanten zu stärken, was den Vorabend der religiösen Kriege in Deutschland heraufbeschwören sollte. „Ohne Frage ist es das bewusst gewalttätigste und vulgärste Werk aus Luthers Feder“, schreibt Edwards. „Es war ebenfalls hervorragend dafür geeignet, die Treuen am Vorabend der Schlacht zu sammeln.“[152] Das Herzensanliegen von Luthers Schriften bestand in seiner intensive Überzeugung, dass er den Antichrist attackierte. Er kombinierte Logik, Geschichtsschreibung, die Heilige Schrift und verbale Beschimpfungen, um die schreckliche Natur des Papsttums in der lebendigsten Art und Weise darzustellen, zu der er fähig war.

1541 bat Kurfürst Johann Friedrich Luther darum, einen Aufruf zum Gebet gegen die Türken zu schreiben (*Versuchung zum Gebet wider die Türken*), um die Moral aufzubauen, die Türken militärisch zu besiegen. Aber in seiner Schrift *Heerpredigt wider die Türken* schien Luther mehr über den Mangel an christlicher Hingabe vonseiten der Deutschen besorgt zu sein und sah die sich ausbreitenden türkischen Armeen als ein Zeichen von Gottes Rute der Züchtigung. Er begann:

> Man sagt, dass es für den Mann, der guten Rat verschmäht, keine Hilfe gibt. Wir Deutschen haben das Wort Gottes nun viele Jahre lang gehört, durch das Gott, der Vater aller Erbarmungen, uns erleuchtet und uns ruft von der abscheulichen Finsternis und dem Götzendienst des Papsttums in das Licht seines heiligen Königreichs. Aber heute ist es eine schreckliche Aussicht, zu sehen, wie undankbar wir demgegenüber geworden sind.

> Luther beendete seinen Aufruf, indem er warnte, dass wir Christen weder unsere Hoffnung in unsere Klugheit noch in unsere Stärke setzen ... Unser Trost, Mut, Selbstvertrauen, unsere Sicherheit, unser Leben, unsere Freude, unsere Ehre und Herrlichkeit sitzt in Person oben zur Rechten Gottes, des allmächtigen Vaters ... Wir übergeben ihm alles. Er wird alle Dinge wohlmachen, wie er es seit Beginn her tut, es jetzt tut und immer tun wird bis hin in alle Ewigkeit. Amen.[153]

Luthers zentrale Überzeugung war, dass die Türken „Gottes Strafe über einer sündigen Christenheit waren, die, neben vielen Sünden, die Abscheulichkeit des Papsttums toleriert hatten."[154] Aus diesem Grund erscheinen Luthers polemische Schriften gegen die Türken ruhiger als seine Schriften gegen die Juden, Katholiken und selbst andere Protestanten.

Der Ton in Luthers Schriften über die Juden verändert sich im Laufe der Zeit von vorsichtiger Hoffnung hin zu bitterer Verurteilung. Luther erinnerte seine Leute, dass die Nichtjuden die Heiden sind und die Juden die Blutsverwandten Christi.[155] Er beschreibt David und die Schreiber des Neuen Testaments als „echte Juden" und bemerkt, dass wir Heidenchristen in keiner Hinsicht den Juden gleich wären – mit Ausnahme von Augustinus, „welcher der einzige Doktor in der Kirche der Heiden ist, der über allen anderen steht."[156] Luther argumentierte, dass, wenn die Juden freundlich behandelt und richtig in der Heiligen Schrift unterwiesen würden - im Alten und Neuen Testament – dann würden „viele von ihnen zu wahren Christen werden und sich zu dem Glauben ihrer Väter wenden, den Propheten und Patriarchen." Wenn Juden zum Christentum konvertierten, dann, so sagte Luther, würden sie zu Brüdern und Schwestern in Christus werden.

Jedoch wurden nur wenige Juden Christen. Wenn das Gerücht umging, dass einige Juden versuchten, Christen zum Judentum zu bekehren, war es zu viel für Luther. Seine frühere, akzeptablere Haltung verwandelte sich in ärgerliche Ablehnung, nicht weil die Juden Juden waren, sondern weil sie keine Christen waren. 1543 veröffentlichte Luther *Von den Juden und ihren Lügen*, in dem er die deutschen Führer dazu drängte, die „Juden aus ihrem Land zu verjagen."[157] Es war, so schreibt Gritsch, „ein unverzeihlich hartes Urteil" für jemanden, der in seinen Werken als alttestamentlicher Gelehrter so viel Liebe für das Volk Israel gezeigt hatte.[158]

## Der Kampf um sein Vermächtnis

Im März 1545 vervollständigte Luther sein Vorwort zu seinen lateinischen Schriften in der Wittenberger Ausgabe. Manchmal erscheint Luther stolz und befriedigt, dass er so viele Bücher geschrieben hat. Zu anderen Zeiten drückt er Befürchtungen über sie aus. Als die Drucker Luther drängten, ihnen zu erlauben, seine gesammelten Werke zu veröffentlichen, sagte Luther: „Ich wünschte, dass alle meine Bücher verschwänden und nur die Heilige Schrift alleine gelesen würde." Als er seinen langen Kommentar zum Galaterbrief beendete, sagte er: „Ich wundere mich, wer zu dieser Manie des Schreibens ermutigt! Wer möchte solche korpulenten Wälzer kaufen? Und wenn sie gekauft werden, wer möchte sie lesen? Und wenn sie gelesen werden, wer wird durch sie erbaut werden?"[159]

Später sagte Luther: „Wenn mein Rat befolgt werde, so würden nur meine Bücher, die Lehre enthalten, gedruckt werden, wie mein *Galaterbrief*, *Deuteronomium* und

*Johannes.* Der Rest [meiner Bücher] sollte lediglich um der Geschichte willen gelesen werden, damit man sehen kann, wie alles [die Reformation] begann."[160] Im Vorwort zu seinen lateinischen Werken beschreibt Luther die Anfänge der Reformation. Daraus wurde ersichtlich, „wie es mir, ja, dem lieben Wort Gottes gangen sei, was es hat müssen leiden von so vielen und großen Feinden in diesen fünfzehn vergangenen Jahren, ehe es zu Kräften ist kommen, und wie es zugenommen und auch ich darin täglich und jährlich weiter und höher drinnen bin kommen …"[161]

Die Auseinandersetzung mit politischen Autoritäten

> Luther verbrachte die letzten Jahre seines Lebens damit, als Ratgeber für Fürsten zu fungieren, in dem Versuch, die religiöse Bewegung, die er begonnen hatte, zu unterstützen und um sie vor der Verstrickung in politische Interessen zu bewahren. Er genoss diese Rolle nicht. In frühen Jahren lehnte Luther entschieden einen bewaffneten Widerstand gegen den Kaiser zum Zweck der Glaubensverteidigung ab. Später veränderte Luther seine Position etwas und hielt daran fest, dass das Recht auf militärischen Widerstand gegen den Kaiser eine politische und juristische Frage war und keine theologische. Er versuchte, das Gewissen derer zu beruhigen – einschließlich sich selbst –, die sich sorgten, ob ein Widerstand gegen den Kaiser, um die Religion zu verteidigen, einen Missbrauch von Gottes Willen darstellte.

Es war nicht Luthers Art, Kompromisse in Belangen der Schrift und der Theologie einzugehen. Er fühlte sich theologisch nie wohl bei dem Gedanken, das Evangelium mit dem Schwert zu verteidigen. Die Umstände jedoch erforderten Kompromisse und Luther passte sich widerwillig an, während er versuchte, treu zu seinen Überzeugungen zu stehen.

## Pessimismus über die Welt

Luther hegte keine große Hoffnung bezüglich einer Verbesserung des Zustandes in der Welt. Er sagte: „Gott denkt nicht so sehr an sein zeitliches Reich wie an sein geistliches Reich … So würde ich nicht raten, dass es viele Veränderungen gibt. Wir müssen so gut flicken und stopfen, wie wir können, während wir leben, das Böse bestrafen und Bandagen und Umschläge auf die Wunden legen.“[162] Luthers Illustration von der Sinnlosigkeit der menschlichen Bemühungen, um die Probleme der Welt zu lösen, werden oft zitiert: „Die Welt ist wie ein betrunkener Bauer. Wenn du ihn von einer Seite in seinen Sattel hebst, wird er auf der anderen Seite herunterfallen. Niemand kann ihm helfen, egal wie sehr er es versucht. Er möchte des Teufels sein.“[163]

Trotz seiner pessimistischen Haltung gab sich Luther nicht dem Zynismus oder der Passivität hin. Er arbeitete, um zu helfen, das Leben in dieser Welt erträglicher zu machen. Die letzten Tage seines Lebens verbrachte er am Verhandlungstisch, wo er mit säkularen Dingen beschäftigt war. Luther hielt an seiner Ansicht fest, die er Jahre zuvor in *An den christlichen Adel deutscher Nationen* dargelegt hatte: Sein nationales Programm für „seine lieben Deutschen hieß Buße, Umkehr und Reformation, ohne die Aussicht auf ein goldenes Zeitalter, es sei denn nach der Wiederkunft Christi.“[164] Luther fand Trost in seiner Überzeugung, dass er in den letzten Tagen lebte, wenn Gott wiederkommen und alles gut machen würde. Er glaubte, dass der Reichstag zu Augsburg 1530 „wahrhaft die letzte Trompete vor dem Gerichtstag“[165] war. Zehn Jahre später sagte er: „Ich hoffe immer, dass der Tag des Gerichts nicht weit weg ist und wir so lange leben werden, um es zu sehen.“[166] Selbst ermutigende Ereignisse deutete Luther als Zeichen der Endzeit. „Ich denke, dass der letzte Tag nicht mehr fern ist“, kommentierte er am Tisch. „Ich gehe davon aus, dass jetzt eine letzte große Anstrengung unternommen wird, um das Evangelium zu verbreiten. Es ist wie eine Kerze. Kurz bevor sie ausbrennt, macht sie einen letzten großen Spurt, als wenn sie für eine weitere lange Zeit brennen wollte, und dann geht sie aus.“[167]

## Geistliche Kriegsführung

Als Luther einst mit seinen Freunden witzelte, sagte er ihnen, dass er „ein einfacher Mann“ war. „Ihr seid gebildeter, als ich es bin in ökonomischen und politischen Dingen“, bemerkte er. „Ich bin nicht an solchen Dingen interessiert. Ich sorge mich um die Kirche und muss mich selbst gegen die Angriffe des Teufels wehren.“[168] Der Teufel war für Luther sehr real – und sehr mächtig. Luther sagte: „Der Teufel ist so groß wie die Welt, so weit wie die Welt und er erstreckt sich vom Himmel bis in die Hölle.“[169]

Luther schrieb: „Leser, sei Gott empfohlen und bete für das Wachstum des Wortes gegen Satan. Stark und böse, nun auch sehr wütend und wild, weiß er, dass seine Zeit kurz und das Königreich seines Papstes in Gefahr ist.“[170] Der Teufel bedrängte Luther oft, indem er sagte: „Vorher gab es einen herrlichen Frieden, aber nun hast du ihn gestört, und wer hat dich angewiesen, so zu handeln?“[171] In seinem Umgang mit dem Teufel machte Luther sich oft mit einer groben und unhöflichen Sprache über ihn lustig. Er lernte ebenfalls, wie er auf die theologischen Argumente des Teufels zu reagieren hatte. Luther erzählte einem Gast, der von seinen sündigen Gedanken besessen war: „Argumentiere nicht mit Satan über das Gesetz. Bringe ihn dazu, über die Gnade zu diskutieren."[172]

Während Christen sich der Kraft des Teufels und den Strategien böser Menschen gegenübersehen, scheinen Christen einen aussichtslosen Kampf zu führen. „... weder Schwert noch Macht ... wird dem messianischen Reich vorarbeiten", schreibt Oberman. Vielmehr bleibt dem Christen nur eine friedliche Haltung: „dulden, ausharren, warten – öffentlich das Evangelium verkündigen, offen Gottes Eingreifen erbitten."[173]

## Leiden

In *An den christlichen Adel deutscher Nationen* hatte der junge Luther geschrieben, dass es der leidende Christ ist, der eine Berufung auf Erden sucht, nicht allein durch Arbeit und Predigt, sondern auch durch Leiden und Sterben. Der alte Luther wusste, was Leiden bedeutet. Während der zweiten Hälfte seines Lebens und gerade im letzten Lebensjahrzehnt, wurden seine physischen Leiden und Beschwerden kritisch und zuzeiten lebensbedrohlich. Er hatte oft Schmerzen, manchmal in Todesqualen, angefangen von Nieren- und Gallensteinen, Magenverstimmungen, zunehmender Taubheit, Kurzatmigkeit, starken Kopfschmerzen und Herzproblemen. Er litt mental und emotional, bedrängt von geistlichen Depressionen, Zweifeln und Hoffnungslosigkeit bezüglich der Welt und manchmal der Kirche. Er war zutiefst über den Fortschritt der Reformationsbewegung enttäuscht und ängstlich in Bezug auf die Gefahren, die eine politische Einmischung mit sich bringen konnte. Aber er war fähig zu sagen: „Nun, alles in Ordnung. Wenn ich verrückt werde, wird Gott gesund bleiben, und Christus, mein Herr, wird meine Weisheit sein.“[174]

In Zeiten der Depression sagte Luther, müssen wir „unsere Fäuste ballen und beten“ –, aber er gab zu, dass es nicht einfach zu bewältigen war.[175] Er verlangte nach dem Gebet seiner Freunde. Er war abhängig von Käthes Liebe und Weisheit. Was ebenfalls half, war ein feines Mahl und ein gutes Bier. Er fand, dass Musik ein guter Weg war, um „Probleme und Gedanken zu verbannen“, weil der Teufel Musik so hasst.[176] Vor allem wandte sich Luther, auf der Suche nach Hilfe in schweren Zeiten, an die Bibel. Als er über 1.Petrus 5,5-11 predigte, drängte er die Christen „Sorgen und ängstliche Befürchtungen“ zur Seite zu schleudern, „aber nicht in eine Ecke ... denn wenn Sorgen sich an das Herz klammern, können sie auf diese Weise nicht weggeschleudert werden. Lass den Christen lernen, sowohl sein Herz als auch seine Sorgen auf Gottes Rücken zu werfen, denn Gott hat einen starken Nacken und starke Schultern. Er kann leicht unsere Last tragen.“[177]

Indem er Prediger 6,12 kommentiert, fragt Luther: „Warum werden wir so von Gedanken beunruhigt, obwohl wir doch sehen, dass die Zukunft auch nicht für einen Moment in unserer Macht liegt? Lasst uns deshalb zufrieden mit der Gegenwart sein und uns selbst in die Hand Gottes begeben, der alleine die Vergangenheit und die Zukunft kennt und kontrolliert.“[178] Während einer Zeit der Krankheit im Jahre 1542 fand er Hilfe in Psalm 31 und bekannte, dass er bis dahin nicht wirklich diesen Vers „Meine Zeit steht in deinen Händen“ verstanden hatte. „Dass bedeutet, mein ganzes Leben, jeder Tag, jede Stunde, jeder Moment – es ist, als würde man sagen, meine ‚Gesundheit, Krankheit, mein Unglück, mein Glück, mein Leben, mein Sterben, meine Freude und mein Leid sind in deiner Hand.‘“[179]

Luther litt unter dem Verlust von Freunden und Verwandten. Während er 1530 auf der Veste Coburg war, schockierte ihn die Nachricht von seines Vaters Tod. Er nahm seinen Psalter, ging in seine Kammer und weinte zwei Tage lang.[180] Im darauf folgenden Jahr starb Luthers Mutter. Nichts verursachte bei Luther jedoch größeres Leid als der Tod seiner dreizehnjährigen Tochter Magdalena am 20. September 1542.[181] Die Trennung, verursacht durch ihren Tod, bedrängte ihn ohne Maß. Er sagte: „Es ist seltsam zu wissen, dass sie sicherlich Frieden hat und dass es ihr dort gut geht [mit ihrem Vater im Himmel], sehr gut geht, und dennoch ist so viel zu trauern!" Nahe stehenden Freunden sagte er einfach: „Ich habe eine Heilige zum Himmel gesandt." [182]

Trotz seiner Leiden fuhr Luther weiter fort, zu predigen, zu lehren und zu schreiben. Man könnte sogar sagen, dass er gerade *aufgrund* seiner Leiden dranblieb. Ausgehend von Psalm 119 entwickelte er drei Regeln, um auf „rechte Weise Theologie zu studieren" – „Oratio (Gebet), Meditatio (Nachsinnen), Tentatio (Anfechtung)". Es ist hauptsächlich der *tentatio* in ihren vielen Formen zu verdanken, dass jemand dahinkommt, zu verstehen „wie wahrhaftig, wie süß, wie lieblich, wie mächtig, wie tröstlich Gottes Wort sei, Weisheit über alle Weisheit."[183]

Das Märtyrertum war wichtig für Luther, weil es seine Idee von der Kirche als leidende Gemeinschaft verkörperte. In seinem 1539 erschienenen Buch *Von den Konzilien und Kirchen* bezeichnete er explizit Leiden und Verfolgung als Kennzeichen der wahren Kirche:

> Siebentens erkennt man äußerlich das heilige, christliche Volk an dem Heiligtum des heiligen Kreuzes, daß es alles Unglück und Verfolgung, allerlei Anfechtung

> und Übel (wie das Vaterunser betet) vom Teufel, von der Welt und vom Fleisch, inneres Trauern, Verzagtsein und Erschrecken, äußerliches Armsein, Verachtetsein, Kranksein, Schwachsein leiden muß, damit es seinem Haupt Christus gleich werde.[184]

Am 1. Juli 1523 wurden zwei Augustinermönche aus dem Kloster in Eisleben, Luthers Geburtsstätte, vor dem Rathaus in Brüssel verbrannt. Als Luther die Nachricht erhielt, begann er zu weinen und sagte: „Ich vermeint, ich sollte ja der erste sein, der umb dies heilig Evangelion wegen sollte gemarteret werden; aber ich bin des nit wirdig gewesen."[185] Einige Jahre später, während einer ernsten Krankheit wurde Luther depressiv, da er dachte, dass Gott ihn nicht des Märtyrertums für würdig erachte. Robert Barnes, ein Augustinermönch aus dem Kloster in Cambridge, der in Wittenberg studiert hatte, wurde am 30. Juli 1540 auf Befehl von König Heinrich VIII. in Smithfield verbrannt. Luther veröffentlichte eine deutsche Übersetzung von Barnes' letztem Glaubensbekenntnis. Im Vorwort schrieb Luther: „Und ist mir ein sondere freude zu hören, das unser guter, fromer tischgeselle und hausgenosse [Barnes] so gnediglich ist beruffen von Gott, sein Blut zu vergiessen umb seines lieben Sons willen und ein heiliger Merterer zu werden."[186] Von seinen ersten Vorlesungen über die Bibel bis zu seiner letzten über Genesis blieb Luthers Sicht auf die Kirche unverändert: Sie ist eine sichtbare und leidende Gemeinschaft von Christen. Durch seine langen Studien über die anhaltenden Prüfungen der Patriarchen in Genesis, lernte Luther, dass das Leben ein größeres und wahreres Märtyrertum sein kann als jeder Tod, wie spektakulär dieser auch sein mag.

## Der Welt müde

Luther genoss sein Leben in Wittenberg mit seiner Frau, seinen Kindern, Studenten, Freunden und seinem Hund. Er war entzückt über die Schönheit der Natur um ihn herum. Am 1. Januar 1538 begrüßte er das Jahr mit den Worten: „Wie gut, fröhlich und vielversprechend ist der Beginn eines neuen Jahres für die Herrlichkeit Christi, die Errettung der Kirche und die Verwirrung Satans und seiner Anhänger!“[187] 1539 schwärmte er inmitten der Blumen eines Frühlingstages, „deren Blüten ein Gleichnis für die Auferstehung der Toten sind. Wie schön die Bäume sind! Wie wunderbar grün alles zu Beginn ist! … Wenn Gott so eine Freude in unseren irdischen Aufenthalt stecken kann, wie muss es erst im Leben sein, das noch kommt?“[188]

> Nach und nach jedoch wurde Luther durch Entmutigungen geplagt – über sich selbst, den Zustand der Welt und sogar den der Kirche. Im April 1533 erklärte Luther: „Ich bin ziemlich müde zu leben. Möge unser Herr, Gott, bald kommen und mich schnell hinwegnehmen!“[189] 1538 bemerkte er: „Ich bin nun erschöpft und voll von Sorgen, dennoch bin ich von vielen Pflichten geplagt.“[190] Einige Jahre später bekannte er: „Ich habe die Welt satt, und die Welt mich.“[191]

## Annäherung ans Ende

So wie Luther in seinen Vorlesungen zu den letzten Kapiteln in Genesis gelangte, so gelangte er zu den letzten Wochen seines Lebens. Hier fand er viele wertvolle Wahrheiten, die seinen Glauben stärkten. Er sagte über Jakobs Tod: „Jakob stirbt, das ist wahr, doch ist sein Tod gleichbedeutend mit dem Leben – tatsächlich ist es die naheste Sache zum Leben." Luther sprach für Jakob in der ersten Person: „Ich sterbe und werde im Grab liegen, aber Gott lebt. Er, der das Land verheißen hat, in das er dich leiten wird, wird mich ebenfalls in ein anderes, weitaus besseres Land bringen. Denn es ist seine Verheißung."[192] Luther hielt einige Wochen lang Vorlesungen über die Beerdigung Jakobs und über Josefs Tod und Begräbnis. Schließlich beendete er seine zehnjährige Arbeit an dem Buch Genesis am Dienstag, den 17. November 1545, mit den Worten: „Und das ist das süße Buch Genesis. Möge unser Herr, Gott, anderen geben, eine bessere Arbeit zu tun. Ich kann nicht mehr tun. Ich bin schwach. Betet zu Gott für mich, dass er mir ein glückseliges Ende gebe."[193]

Luther war krank und schwach, aber er war immer noch angriffslustig. Im Januar 1546, ein paar Wochen vor seinem Tod, begann er ein Traktat gegen die Theologen von Löwen (Belgien). Er war wütender auf sie, als es einem Theologen und alten Mann anstand. Er erklärte: „Aber jemand muss Satans Monstern widerstehen, selbst wenn er mit seinem letzten Atemzug auf sie schießen muss!"[194]

Am 7. Februar war Luther in Eisleben auf seiner dritten Reise, um zwei Freunden, die Brüder waren, zu helfen, ihre Differenzen auszuräumen. Während er dort war, schrieb er seiner Frau in einem scherzhaften und neckischen Ton:

> Meiner lieben Hausfrau, Katharina Luther, Doktorin, Selbstmärtyrerin zu Wittenberg, meiner Frau zu Händen und zu Füßen, Gnade und Friede im Herrn. Lese du, liebe Käthe, den [Evangelisten] Johannes und den Kleinen Katechismus, von dem du einmal sagtest: Es ist doch alles in dem Buch von mir gesagt.

> Denn du willst sorgen für deinen Gott, gerade als wäre er nicht allmächtig, der da könnte zehn Martin Luther erschaffen, wenn dieser alte in der Saale ersäufe oder in einem Ofenloch erstickte oder gefangen wäre bei des Wolfes Vogeljagd. Lass mich in Frieden mit deiner Sorge, ich habe einen besseren Sorger, außer dir und all den Engeln. Der liegt in der Krippe und hänget an einer Jungfrau Busen; aber sitzt gleichwohl zur rechten Hand Gottes, des allmächtigen Vaters. Darum sei in Frieden. Amen.[195]

Sowohl Katholiken als auch Protestanten erwarteten die Neuigkeiten von Luthers Tod – die Katholiken hofften auf einen schrecklichen Tod (um zu beweisen, dass er falsch lag) und die Protestanten auf einen triumphalen (um zu beweisen, dass er recht hatte). Es gibt viele großartige Ereignisse in Luthers Leben, aber keines ist so großartig wie seine letzten Tage. Zwei Tage, bevor er starb, schrieb er einige Zeilen in Latein, die neben seinem Totenbett gefunden wurden. Dort heißt es: „‚Die Heilige Schrift meine niemand genügend geschmeckt zu haben, er habe denn hundert Jahre mit den Propheten Kirchen geleitet … Es folgt auf Deutsch: ‚Wir sein pettler', und wieder auf Latein: ‚Das ist wahr.'"[196] Mit diesen Worten fasst Luther treffend und demütig sein Leben als Reformator und Theologe zusammen. Es war nicht das, was er tat, sondern das, was Gott durch ihn tat. Er war ein Bettler. Das ist wahr.

Martin Luther starb in den frühen Morgenstunden des 18. Februar 1546, nur ein paar Schritte von dem Haus in Eisleben entfernt, in dem er zweiundsechzig Jahre zuvor geboren wurde. Eine Menschenmenge stand um sein Bett herum und versuchte, ihn zu trösten, während er beständig wiederholte: „So sehr hat Gott die Welt geliebt, dass er seinen einzigen Sohn gab". Sein Trost lag nicht darin, was er alles für Gott getan hatte, nicht in seiner Liebe für Gott, aber in Gottes Liebe zu ihm, die so groß war, dass er seinen einzigen Sohn gab, um für seine Sünden zu sterben. Luther widmete sein Leben der Predigt und Lehre allein der Schrift, allein des Christus, allein der Gnade, allein empfangen durch den Glauben. Seine große Botschaft bestand darin, dass „das Leben eines Christen verbunden ist mit der Lebenslinie der Barmherzigkeit, die Gott in Christus geschaffen hat. Deshalb lebt der Christ wahrlich allein durch den Glauben anstatt durch die Verdienste guter Werke, die irrtümlicherweise dazu dienen sollen, Gott zufriedenzustellen."[197] Luthers langjähriger Freund Justus Jonas, damals Pfarrer in Halle, fragte: „Verehrter Vater, wollet ihr auf Christum und die Lehre, wie ihr sie gepredigt, beständig sterben? ‚Ja', heißt es zum letzten Male mit klarer Stimme."[198]

Oberman beendet seine Biografie über Luther mit den Worten: „Die mittelalterliche Todeswarnung: ‚Mitten im Leben sind wir vom Tod umgeben' hatte Luther im Glauben zum Lebensruf gekehrt: ‚Mitten im Tode sind wir vom Leben umgeben!'"[199]

Martin Luther wurde vor der Kanzel in der Schlosskirche zu Wittenberg, am 22. Februar 1546, beerdigt. Es war ein angemessener Platz. Die Kanzel war der Ort seines Lebenswerkes. Er war ein Prediger des Wortes Gottes.

Und er war treu bis zum Ende.

Teil II:

# LUTHERS GEDANKEN

*Kapitel 4*

# LUTHER ÜBER DAS CHRISTLICHE LEBEN

SINCLAIR B. FERGUSON

Die Muskeln im Gesicht des Predigers strafften sich, als sein Blick sich mir direkt zuwandte. Vorsichtig formulierte er Worte wie diese: „Ohne dies werden Tausende in der Hölle umkommen. Es ist zwingend erforderlich, dass du deine Spende gibst."

Ich schaute Fernsehen und stählte mich selbst mental gegen die einschüchternde, geistlich erpresserische Logik eines zeitgenössischen Fernsehevangelisten, während dieser mich dazu drängte, seine Mission zu unterstützen, damit die Verlorenen nicht verdammt würden – und Teile der Schuld lasteten auf meinem Gewissen. Ich vermutete, dass es nicht wenige einsame Hörer gab, die von der gebührenfreien Nummer Notiz nahmen, um dort anzurufen und zu spenden. Viele von ihnen spendeten von ihrem mageren Einkommen. Worte, die einem Dominikanermönch aus dem 16. Jahrhundert zugeordnet werden, hallten den Korridor der dazwischenliegenden fünfhundert Jahre entlang:

> Sobald das Geld im Kasten klingt,
> die Seele in den Himmel springt.

Ein wenig Kenntnis der Heiligen Schrift und der Kirchengeschichte bewahrt uns vor solchen Taktiken, die das Evangelium beleidigen. Aber im frühen 16. Jahrhundert besaßen nur wenige Menschen eine Kenntnis von beidem. Als dann der begabte Prediger und zuweilen Inquisitor Johann Tetzel (1464-1519) in die Stadt kam und Ablässe anbot, empfanden viele seine Predigt als so unwiderstehlich wie bei den modernen Gegenstücken. Er schien die Bibel zu kennen. Und die Gewissenslast derer, die darin versagt hatten, ihre Lieben von den Qualen des Fegefeuers zu befreien, war eine überwältigende Motivation, die Ablässe zu kaufen, was auch immer der Preis war. Deshalb drängte Tetzel auch seine Hörer:

> „Suchet den Herrn, solange er nahe ist und man ihn finden kann" [Jes. 55,6]; wirkt, wie Johannes sagt, „solange es Tag ist", denn „es kommt die Nacht, da niemand wirken kann" [Joh. 9,4]. – Hört ihr nicht die Stimme eurer toten Eltern und anderer Leute, die da schreien und sagen: „'Erbarmt, erbarmt euch doch meiner, weil die Hand Gottes mich berührt hat' [Hiob 19,21]? Wir sind in schweren Strafen und Pein, wovon ihr uns mit wenig Almosen erretten könntet und doch nicht wollt'". Tut die Ohren auf, weil der Vater zu dem Sohn, die Mutter zu der Tochter schreit.[200]

## Ablässe

Die römisch-katholische Kirche hat immer offiziell vorsichtig die Theologie und die Formulierungen um das Gewähren eines Ablasses bewacht: „Der Ablass ist Erlass einer zeitlichen Strafe vor Gott für Sünden, die hinsichtlich der Schuld schon getilgt sind.“[201] Praktisch gesprochen reduziert oder eliminiert ein Ablass sogar die Zeit, die eine Seele im Fegefeuer verbringt. Es überrascht nicht, dass die einzigen Schriftangaben in den zwei Seiten Auslegung zu den Ablässen in dem *Katechismus der katholischen Kirche* allgemeine Ermutigungen sind, den alten Menschen abzulegen und den neuen anzulegen.[202] Trotz ihrer unbiblischen Beschaffenheit reizte Johann Tetzel sicherlich die Grenzen aus.

Aber Ablässe waren lediglich die Spitze des Eisberges der Theologie und Praxis der späten römisch-katholischen Kirche. Sie waren jedoch die Tropfen, die das Fass zum Überlaufen brachten, worüber Luther besorgt war (obwohl er von den Konsequenzen, die schließlich auf seine Reaktion folgten, überrascht gewesen sein muss). Die finanzielle Schröpfung seiner Herde, einmal abgesehen von den geistlichen Gefahren, welche die Ablässe darstellten, veranlassten den dreiunddreißig Jahre alten Mönch, Gelehrten und Pastor dazu, seine 95 Thesen an die Pforte der Schlosskirche in Wittenberg zu nageln.

Ursprünglich waren diese Thesen natürlich für einen akademischen Diskurs gedacht. Schließlich waren sie in Latein verfasst. Eine Sache jedoch fällt unmittelbar an ihnen auf. Im Gegensatz zu seinen reformatorischen Vorgängern, erkannte Luther bis zu einem gewissen Grad, dass das grundlegende Problem der Kirche nicht lediglich im Leben, sondern in der Lehre begründet war. Die Lehre, so verstand er es, formt das Leben und die Praxis.

In seinem späteren Leben kommentierte er (mit der für Luther typischen Übertreibung):

> Lehre und Leben muss unterschieden werden. Das Leben unter uns ist schlecht, so wie es unter den Papisten schlecht ist, aber wir kämpfen nicht wegen des Lebens und verdammen die Papisten dafür. Wycliff und Hus wussten dies nicht und attackierten [das Papsttum] für dessen Leben. Ich schäme mich nicht, gut zu werden, aber ich kämpfe um das Wort und dafür, dass unsere Widersacher es in seiner Reinheit lehren. Diese Lehre sollte angegriffen werden – und das ist bisher nicht passiert. Dies ist meine Berufung. Andere haben nur das Leben zensiert, aber Lehre zu behandeln bedeutet, am sensibelsten Punkt zuzuschlagen.[203]

Aus diesem Grund waren diese Thesen der Beginn seiner fortschreitenden öffentlichen Enttarnung des gesamten spätmittelalterlichen Sakramentsystems der Errettung.

Beinahe ein Jahrzehnt lang war Luther ein in Ausführung befindliches Werk. Der 31. Oktober 1517 markiert ungefähr den Mittelpunkt seiner Pilgerfahrt, die darin bestand, ein Evangelium zu suchen, das ihn seiner Errettung versichern würde, bis hin zum ausgewachsenen Angriff auf die Theologie der Kirche, ausgedrückt in seinen Werken *Von der babylonischen Gefangenschaft der Kirche* und *Von der Freiheit eines Christenmenschen* im Jahre 1520. Im Januar 1523 sagte er öffentlich (wie er in einer Predigt zu Lukas 2,41-52 bemerkt), dass, wenn Maria, die Mutter unseres Herrn, sich über Jesus täuschen konnte, es die Kirche deshalb auch tun konnte.[204]

Diese Demontage deutete sich bereits in dem Eröffnungsplädoyer zu den 95 Thesen an:

> Als unser Herr und Meister Jesus Christus sagte: „Tut Buße“ usw. (Mt 4,17; Mk 1,15), wollte er, daß das ganze Leben der Gläubigen Buße sei.[205]

Hier befreite sich Luther von der Fehlübersetzung des griechischen Wortes *metanoeō* (umkehren), das in der lateinischen Vulgata mit *poenitentiam agite* (Buße tun) übersetzt wurde, was tatsächlich den ganzen *ordo salutis* (den Weg des Heils) des gesamten Mittelalters unterhöhlte.[206] Nur vor diesem Hintergrund können wir wirklich Luthers Sicht der biblischen Lehre schätzen, wie man ein Christ wird und als solcher lebt: allein aus Gnade, allein durch den Glauben, allein in Christus.

## Eine mittelalterliche Ordnung

Der „Weg des Heils“, mit dem Luther und seine Zeitgenossen vertraut waren, wies folgende Taxonomie auf:

Die Kraft der Taufe lag in der Art und Weise, mit der die erste Gnade dem Empfänger eingeflößt wurde.

Der Rest des Lebens wurde von den Sakramenten der Kirche bestimmt und beinhaltete im Wesentlichen entweder ein Fortschreiten oder eine Abkehr von dieser Gnade. Buße war der Weg, durch den ein Abgefallener wiederhergestellt wurde. Durch die Buße wurde eine sogenannte „zweite rettende Planke“ bereitgestellt – eine Möglichkeit, erneut mit der Gnade Gottes zu kooperieren, indem man eine persönliche Gerechtigkeit entwickelte. Die Buße war dann vollendet, wenn der Glaube durch eine vollkommene Liebe zu Gott völlig geformt wurde. Man ging weitestgehend davon aus, dass dies in der Realität aber nicht vollkommen verwirklicht werden konnte.

Zwei Merkmale kennzeichneten diesen Fortschritt. Eines war, dass das Individuum für das *facere quod in se est*[207] verantwortlich war. Das bedeutete, das zu tun, was innerhalb der eigenen Kräfte lag, um mit der Gnade zu kooperieren, die durch die Sakramente gereicht wurden, indem man zur tatsächlichen Gerechtigkeit fortschreitet.[208] Das Problem war natürlich, wie Luther sich tatsächlich bewusst war, dass der Mensch von Natur aus hoffnungslos *incurvatus in se* (in sich selbst verkrümmt) war.[209] Dieses System führte nur noch weiter dazu, die Ursache für die Rechtfertigung zu suchen. Die echte Not bestand darin, von sich selbst wegzuschauen, um die Errettung in Jesus Christus zu entdecken.

Zweitens war das angestrebte Ziel des individuellen Fortschreitens durch diesen *ordo salutis* des unentwickelten Glaubens (*fides informis*), die fortschreitende Entwicklung, hin zu einer vollkommeneren Gerechtigkeit, die sich in einem Glauben manifestierte, der völlig durch die Liebe zu Gott geformt war (*fides caritate formata*). Wenn der Glaube deshalb mit einer vollkommenen Liebe zu Gott erfüllt war, dann war die Einzelperson tatsächlich gerecht (*iustus*). Deshalb konnte Gott ihn gerechterweise rechtfertigen, da er tatsächlich durch die Gnade gerechtfertigt worden war. Vor diesem Hintergrund war, so wurde behauptet, die reformatorische Lehre von der Rechtfertigung des Gottlosen eine Rechtsfiktion, aber keine Realität.[210]

## Rechtfertigung aus Glauben – aber nicht alleine?

Das Problem hier war subtil: Die Kirche lehrte die Rechtfertigung aus Gnaden. Die mittelalterliche Theologie war voll von Diskussionen über Gnade und darüber, wie man sie erhält.

Die Reformatoren bemerkten jedoch mehr als einen fatalen Fehler. Zum einen wurde Gnade mehr oder weniger als eine Substanz angesehen, die dem Individuum eingeflößt wurde, nicht jedoch als eine Geneigtheit Gottes gegenüber dem Individuum. Zum anderen: Wenn Luther im Wesentlichen fragt: „Buchstabiere, was du mit ‚Gnade' meinst", dann realisierte er, dass (um Paulus' Sprache zu gebrauchen) „Gnade nicht mehr Gnade ist."[211] Denn im biblischen Sprachgebrauch ist kein Platz für eine Beteiligung oder Mitwirkung an Gottes rechtfertigender Gnade. Sie ist frei und bedingungslos und in keiner Weise durch irgendetwas in uns verdient oder mit etwas in uns übereinstimmend. Es geht gerade um die Rechtfertigung des Gottlosen, und diese basiert nicht auf irgendetwas, das die Gnade Gottes in uns hervorgebracht hätte. Vielmehr gründet die Rechtfertigung in dem, was Gott durch Christus außerhalb von uns getan hat.

## Luthers Entdeckung

Luther selbst hatte die Auswirkungen der mittelalterlichen Sicht sowohl beobachtet als auch verkörpert. Wenn es zum *facere quod in se est* kam, hatten wenige bezüglich des Fortschritts in Richtung Gerechtigkeit mehr getan als dieser junge Augustinermönch:

> Ich habe mich beinahe zu Tode gefastet, denn wieder und wieder verbrachte ich drei Tage ohne einen Tropfen Wasser oder einen Happen Essen. Ich war sehr ernst darüber … Ich wählte einundzwanzig Heilige und betete zu dreien jeden Tag, wenn ich die Messe feierte; so vervollständigte ich die Zahl jede Woche. Ich betete insbesondere zu der Gesegneten

> Jungfrau, die mit ihrem mitfühlenden weiblichen Herzen ihren Sohn besänftigen konnte.

Luther liefert dazu seinen eigenen Kommentar:

> „Der frömmste Mönch ist der schlimmste Schuft", weil „er leugnet, dass Christus der Mittler und Hohepriester ist und ihn zu einem Richter macht."[212]

Luther fand sich unweigerlich mit der Frage konfrontiert: „Wie kann ich sicher sein, dass ich genug getan habe? Wie kann ich wissen, dass die Liebe, die ich für Gott fühle, mein Sein so erfüllt hat, dass er sagen kann: ‚iustus es – du bist gerechtfertigt?'" Wie er später an Erasmus schrieb, bestand die Wahrheit darin:

> Denn mein Gewissen würde, wenn ich auch ewig lebte und wirkte, niemals gewiss und sicher sein, wie viel es tun müsste, damit es Gott genug wäre. Denn welches Werk auch immer vollbracht wäre, immer bliebe der beunruhigende Zweifel zurück, ob es Gott gefalle oder ob er irgendetwas darüber hinaus fordere, wie es auch die Erfahrung aller Werkheiligen beweist und wie ich es zu meinem großen Leidwesen so viele Jahre hindurch zur Genüge gelernt habe.[213]

Aus diesem Grund hasste er auch den Ausdruck „die Gerechtigkeit Gottes".

Der Ausdruck „Gerechtigkeit Gottes" war wie ein Donnerschlag in meinem Herzen. Wenn ich, als ich mich noch unter dem Papsttum befand, las, „rette mich in deiner Gerechtigkeit" (Psalm 31,1) und „in deiner Wahrheit", dachte ich sofort, dass diese Gerechtigkeit ein rächender Zorn war, nämlich der Zorn Gottes. Ich hasste Paulus von ganzem Herzen, wenn ich las, dass die Gerechtigkeit Gottes im Evangelium offenbart ist (Röm 1,16.17). Erst später, als ich die Worte sah, die folgten - nämlich, dass geschrieben steht, dass der Gerechte aus Glauben leben wird (Röm 1,17) –, und indem ich Augustinus konsultierte, jubelte ich. Als ich lernte, dass die Gerechtigkeit Gottes seine Barmherzigkeit ist, und dass er uns durch sie rechtfertigt, da wurde mir ein Heilmittel in meinem Leiden angeboten.[214]

Tatsächlich ging es für den gewöhnlichen Menschen innerhalb der kirchlichen Erklärung des *ordo salutis* über den Bereich des Möglichen hinaus, sich der Heilsgewissheit zu erfreuen. Im Umkehrschluss bedeutete dies, dass es unmöglich war, sich an Gott selbst zu „erfreuen".[215]

Luther schuldete dem Generalvikar seines deutschen Ordens (dem Augustinerorden) eine Menge, der - obwohl er Luther nicht in seinem Bruch mit Rom folgte - ihn doch zum Kern des Evangeliums wies:

> Mein guter Staupitz sagte: „Man muss sein Auge auf den Mann gerichtet haben, der Christus genannt wird." Staupitz ist derjenige, die mit dieser Lehre [des Evangeliums in unserer Zeit] begann.[216]

Schließlich führte Luthers Durchbruch zu einem neuen Verständnis, was es bedeutet, ein Christ zu sein: gerechtfertigt aus Gnade und aus der Souveränität Gottes heraus, gerecht gesprochen allein wegen des Glaubens und in Gemeinschaft mit Christus gebracht.

## Ein souveräner Gott

Errettung ist deshalb für Luther in erster Linie das Werk eines souveränen Gottes. Die Göttliche Souveränität wird häufiger mit Calvin in Verbindung gebracht als mit Luther. Das liegt zum Teil an dem systematischen Charakter von Calvins Schriften[217] und zum anderen Teil daran, dass spätere Lutheraner dazu tendierten, diese Lehre ihres Gründers herunterzuspielen. Doch an einigen Stellen drängt sich uns bei den Schriften des deutschen Reformators die Frage auf: „Ist Luther etwa auch unter den Calvinisten?" Denn entgegen dem *facere quod in se est* des Mittelalters war Luther sich zutiefst darüber bewusst, dass wir von Natur aus völlig verdorben und deshalb geistlich völlig machtlos sind. Weder die biblischen Gebote noch unsere moralische Verpflichtungen, zur Ehre Gottes zu leben, sollten dahingehend missverstanden werden, dass sie implizieren oder uns das Recht geben, anzunehmen, dass wir die Fähigkeit besitzen, sie auch tatsächlich zu erfüllen. Der *homo incurvatus in se* ist unfähig, sich selbst zu Gott zu bekehren.[218]

Dies ist tatsächlich eines der Hauptthemen in *Vom unfreien Willen*, das oftmals als Luthers bestes und sorgfältigstes theologisches Schriftstück bezeichnet wird und eine eloquente und polemische Antwort auf Erasmus' Buch *Vom freien Willen* darstellt. Dort argumentiert Luther, dass, wenn selbst sogar die Besten der Menschen, die alle Riten und Erforderlichkeiten ihrer Kirche erfüllen – insbesondere Männer wie der Pharisäer Nikodemus –, blind und unfähig sind, in das Königreich Gottes einzugehen, unsere einzige Hoffnung in Gott selbst liegt, der sich uns in seiner erwählenden Gnade nähert:

> Denn was unterlässt dieser Mann [Nikodemus] an Eifer und Bemühen? Er bekennt, dass Christus die

> Wahrheit verkündigt und von Gott gekommen sei, er rühmt seine Wundertaten, er kommt nachts, um das Übrige zu hören und zu besprechen. Scheint er nicht vermöge des freien Willens das gesucht zu haben, was zum Glauben und zum Heil gehört? Aber siehe, wie er anstößt.[219]

Deshalb disputiert Luther so energisch mit Erasmus, dass solche Passagen wie Römer 9,15ff. sich auf die absolute Souveränität Gottes beziehen, um zwischen Erwählung und Errettung zu unterscheiden. Er erlaubt es nicht, dass man Paulus' Gebrauch von Maleachi 1,2-3 („Jakob habe ich geliebt, Esau aber habe ich gehasst") lediglich auf eine unterschiedliche Rolle im Dienst Gottes reduziert: „Es ist nicht nur eine äußere Herrschaft und Knechtschaft, die dort behandelt wird, sondern alles, was dem Volk Gottes gehört – das ist der Segen, das Wort, der Geist und die Verheißungen Christi und das ewige Königreich."[220]

Zu jeder exegetischen Kernfrage in Römer 9 – einschließlich der Verhärtung des Herzens des Pharao und des Bildes vom Töpfer und Ton – nahmen Luther und Calvin eine ähnliche Sichtweise ein. Tatsächlich übertrifft Luthers Sprache diejenige seines jüngeren Zeitgenossen in Bezug auf den Nachdruck und die Art und Weise, mit der er seine Gegner verurteilt. Warum solch ein Nachdruck? Weil für Luther die einzige Hoffnung für die menschliche Verdorbenheit und Unfähigkeit in der radikalen göttlichen Souveränität liegt.

## Allein die Gnade ist von Nutzen

Errettung ist deshalb aus Gnade und nicht aus Werken. In einem gewissen Sinn vertieft dieser zweite Punkt nur den ersten. Für Luther jedoch hatte er eine spezielle Bedeutung.

Als Luther seine Vorlesungen zum Römerbrief begann (gehalten 1515-16, aber erstaunlicherweise erst im zwanzigsten Jahrhundert veröffentlicht), sah er die Funktion des Briefes durch die Linse der Berufung Gottes an Jeremia:

> Die Summe und das Wesen dieses Briefes ist es, nach unten zu ziehen, auszureißen und alle Weisheit und Gerechtigkeit des Fleisches zu zerstören (d.h. welche Bedeutung sie auch immer in den Augen der Menschen und sogar in unseren eigenen Augen haben mögen), ganz egal wie herzlich und aufrichtig sie praktiziert wurden; und um die Realität der Sünde einzupflanzen, zu festigen und groß zu machen (ganz egal wie unbewusst wir ihrer Existenz auch sein mögen).[221]

Dies beinhaltete die Zerstörung des subtilen theologischen Unterschieds zwischen Verdienst nach Billigkeit (*meritum de congruo*) und Verdienst nach Würdigkeit (*meritum de condigno*). Im ersten Fall, wenn wir mit Gott kooperieren, dann sind wir tauglich für eine weitere Gabe der Gnade Gottes. Streng genommen ist Gott nicht verpflichtet, es uns zu geben, aber, wie das bekannte Sprichwort „Hilf dir selbst, so hilft dir Gott“ aussagt, konnte man mit einer solchen Gnade rechnen. Diese Gnade befähigt den Einzelnen im Weiteren solche Werke zu tun, die Gott wiederum in seiner Gerechtigkeit mit dem ewigen Leben vergütet (das sind übereinstimmende Werke).

Diese Theologie, die der gröbsten Form des Pelagianismus entfloh, ging nichtsdestotrotz in eine subtile Form des Semipelagianismus über. Aber je subtiler die Theologie, desto größer die Gefahren. Dieses Beharren, dass die einzelnen Taten einer Person mit der Gnade kooperieren – mit der Implikation, dass er so zu einer Person wird, für die es angemessen ist, dass man ihr Gnade erweist –, zerstört in Wahrheit alles, was Gnade tatsächlich bedeutet.

Was Luther klar verstand, war ein lebendiges biblisches Prinzip: In dem Moment, in dem ich Gnade auf irgendetwas in mir selbst begründe, sie in irgendeiner Weise an mir selbst ablesen kann, hat Gnade ihr Recht verwirkt, Gnade genannt zu werden. Luther verstand das paulinische Prinzip, dass jemand nicht zum Objekt von Gottes rettender Gnade wird oder von jemand anderem unterschieden wird, aufgrund von irgendetwas, was er in sich selbst ist.[222] Es ist vielmehr so, wie Luther auf seinem Totenbett kurz und bündig schrieb: „Wir sind Bettler." Oder ausführlicher in seiner großartigen Umschreibung von Psalm 130:

> Bei dir gilt nichts denn Gnad und Gunst,
> die Sünde zu vergeben;
> es ist doch unser Tun umsonst
> auch in dem besten Leben.
> Vor dir niemand sich rühmen kann;
> des muss sich fürchten jedermann
> und deiner Gnade leben.
>
> Darum auf Gott will hoffen ich,
> auf mein Verdienst nicht bauen.
> Auf ihn mein Herz soll lassen sich
> und seiner Güte trauen,
> die mir zugesagt sein wertes Wort.
> Das ist mein Trost und treuer Hort;
> des will ich allzeit harren.[223]

Letztlich war Luther ein *augustinischer* Mönch.

## Glaube allein

Errettung, die von Gott alleine stammt, allein durch Gnade, ist ebenso unsere Errettung allein durch den Glauben. Hierin lag das Herzensanliegen Luthers. Vollkommen errettet sind wir erst bei der Auferstehung. Aber unsere momentane Rechtfertigung garantiert diese finale Vollendung. Die Rechtfertigung selbst ist nicht das erhoffte Ziel der lang gestreckten Erfahrung einer sakramentalen *ordo salutis*, die in uns eine unvollkommene Gerechtigkeit hervorbringt, die es noch nötig macht, dass wir ins Fegefeuer gehen müssen, um das Werk zu vollenden. Vielmehr sind wir erstaunlicherweise, gnädigerweise und wunderbarerweise in dem Moment in Christus gerechtfertigt, in dem wir zu ihm kommen. Das Gericht des letzten Tages wurde im Voraus auf Christus gelegt bis zum heutigen Tag. Am Kreuz nahm Christus unseren Platz als Verdammte ein; im Grab erstand Christus wieder, frei von dem Gericht und der Verdammung nahm er unseren Platz ein. Deshalb wurde er zu unserer Garantie sowohl für unsere Rechtfertigung am heutigen Tag als auch für unsere Auferstehung am letzten Tag.[224] Christus – mit all den Segnungen der Rechtfertigung – ist des Gläubigen „Bekehrungsstunde".[225]

Von dem modernen theologischen Hintergrund ausgehend ist es interessant, dass Luther schlicht nicht zuließ – entgegen der Meinung von Erasmus (und Hieronymus lange vor ihm) –, dass die *Werke* – ohne die wir gerechtfertigt sind – lediglich das Zeremonialgesetz beinhalten.[226]

Dass wir ohne Werke gerechtfertigt sind, bedeutet nicht, dass die Werke keinen Platz in Leben eines Christen haben. Es ist gerade umgekehrt. Die 95 Thesen haben bereits betont, dass liebevolle Taten dem Nächsten gegenüber weitaus wichtiger sind als der Erwerb von Ablässen.[227]

Tatsächlich äußerte Luther bei einer Gelegenheit das *Bonmot*: „Man sollte mich Doctor bonorum operum, Lehrer der guten Werke, nennen.“[228] Anstatt ihre Bedeutung zu verleugnen, garantiert der Weg des Glaubens die guten Werke. Der Baum, der nun gut geworden ist, wird gute Frucht tragen. Wie Paulus in Galater 5,6 bemerkt, ist Liebe die Frucht des Glaubens, da „der Glaube durch die Liebe wirksam ist.“

Luther schreibt in diesem Zusammenhang:

> Sie [die scholastischen Theologen] lesen diese Stelle des Paulus durch eine rosarote Brille (wie das Sprichwort sagt) und verdrehen den Text nach ihrem eigenen Wunschdenken. Denn Paulus sagt nicht: Glaube, welcher *rechtfertigt* durch Liebe, oder: Glaube, welcher durch Liebe Akzeptanz schafft.[229] Solch einen Text erfinden sie und zwängen ihn an diese Stelle … Paulus … sagt, dass Werke aufgrund des Glaubens durch Liebe gewirkt werden, und nicht, dass ein Mensch durch Liebe gerechtfertigt ist … Er sagt nicht: Wohltätigkeit ist wirksam, sondern: Glaube ist wirksam, und nicht: Wohltätigkeit wirkt, sondern: Glaube wirkt.[230]

## Allein in Christus

Die Erlösung, die von Gott allein kommt, nur durch die Gnade allein, durch den Glauben allein, ist unsere Erlösung nur in Christus allein. In seiner Schrift *Von der Freiheit eines Christenmenschen* unterstreicht Luther den „unvergleichlichen Nutzen“ des Glaubens an Christus, nämlich die Vereinigung mit Ihm:

> Die dritte unvergleichliche Gnade des Glaubens besteht darin, daß er die Seele mit Christus verbindet wie die Braut mit dem Bräutigam [...] so folgt, daß alles, was ihnen gehört, gemeinsam wird, Gutes wie Schlechtes, so daß sich die gläubige Seele alles dessen, was Christus hat, als ihr Eigen rühmen und freuen kann. Und alles, was die Seele hat, das legt sich Christus als sein Eigen bei. Vergleichen wir das, und wir werden Unschätzbares sehen: Christus ist voller Gnade, Leben und Heil, die Seele ist voller Sünde, Tod und Verdammnis. Nun tritt der Glaube als Mittler dazwischen. So kommt es, daß Christus Sünde, Tod und Hölle gehören, der Seele aber Gnade, Leben und Heil. Denn er muß, wenn er Bräutigam ist, zugleich das, was die Braut hat, annehmen und der Braut Anteil geben an dem, was sein ist. Denn wenn er ihr seinen Leib und sich selbst schenkt, wie sollte er ihr nicht alles, was sein ist, schenken? Und wer den Leib der Braut annimmt, wie sollte der nicht alles, was die Braut hat, annehmen? ... Wer begreift den Reichtum ihrer Herrlichkeit und Gnade?[231]

Zu guter Letzt gibt es in Christus Freiheit von der Schuld und der Kraft der Sünde. Aber, wie Luther es prächtig in seinen eröffnenden Worten in *Von der Freiheit eines Christenmenschen* bemerkt, gibt es zwei Seiten:

> Der Christ ist völlig freier Herr über alles und niemandem untertan.
> Der Christ ist ein allen völlig dienstbarer Knecht
> und jedermann untertan.[232]

Diese paradoxen Aussagen finden in Christus ihre angemessene Harmonisierung. Der Meister von allen wird zum Diener für alle. Und wir sind mit ihm vereinigt. Nun teilen wir seinen Sieg über alle Kräfte, die uns verführten und in Gefangenschaft hielten.

Als getaufte Christen sind wir von der Herrschaft der Sünde befreit. Wir sind in die Vereinigung mit Christus hineingetauft worden, mit dessen Tod die Herrschaft der Sünde gebrochen und beendet wurde. Es ist wahr, dass wir noch nicht von ihrer Gegenwart erlöst sind und deshalb befindet sich der Christ in einem täglichen und lebenslangen Krieg gegen sie. Aber wir kämpfen mit den Mitteln, die uns durch unsere Vereinigung mit Christus zur Verfügung stehen.

Indem er Galater 2,20 kommentiert – „Ich bin mit Christus gekreuzigt" – zieht Luther daraus die Konsequenzen:

> Genauso, wie Christus selbst dem Gesetz, der Sünde, dem Tod und dem Teufel gekreuzigt wurde, sodass sie von nun an keine Kraft mehr über ihn haben; genauso bin ich nun durch den Glauben mit Christus im Geist gekreuzigt worden und tot dem Gesetz, der Sünde, dem Tod und dem Teufel, sodass sie von nun an keine Kraft mehr über mich haben, sondern mir nun tot und gekreuzigt sind. Paulus spricht hier nicht von einer Kreuzigung durch eine *imitatio* (Nachahmung) … Sondern er spricht hier von dieser hohen Kreuzigung, durch welche die Sünde, der Teufel und der Tod in Christus gekreuzigt sind und nicht in mir. Hier tut Christus alles selbst. Aber indem ich an Christus glaube, bin ich durch den Glauben ebenfalls mit Christus gekreuzigt, sodass alle diese Dinge mir gekreuzigt und gestorben sind.[233]

Wenn Luther meint, dass wir „all diese[n] Dinge[n] – nämlich „dem Gesetz, der Sünde, dem Tod und dem Teufel" – „gekreuzigt und gestorben sind", wie es sicherlich einige seiner Nachfolger verstanden haben, dann war Luther mit seinen Worten weniger vorsichtig, als Paulus' Worte eigentlich verlangen. Es ist vermutlich verständlich, dass Schlussfolgerungen aus seinen Worten gezogen wurden, die er selbst ablehnte – wie im Falle seines Schülers und Freundes Johannes Agricola, der aus Luthers Worten schlussfolgerte, dass Gläubige nicht nur dem Gesetz gestorben sind, sondern das Gesetz auch ihnen gestorben ist.[234]

Aber Luthers Hauptpunkt an dieser Stelle ist biblisch. Die Vereinigung mit Christus befreit den Gläubigen von der Herrschaft der Mächte, die ihn versklavten, bevor er zu Christus kam. Jetzt ist er dazu befähigt, als freier Mann für Christus zu leben – im Gehorsam seinem Wort gegenüber, als sein Diener, nicht mehr länger unter der Herrschaft der Sünde, sondern unter der Herrschaft Christi, nicht länger verdammt durch das Gesetz, sondern indem er immer mehr erkennt, dass durch den Geist die Forderungen des Gesetzes in uns erfüllt werden.[235] Ja, der Gläubige stirbt, aber der Stachel des Todes wurde entfernt, und der Gläubige betritt durch den Tod das ewige Leben.

## Satan besiegt

Der Christ wurde ebenfalls aus der Knechtschaft Satans befreit. Es wurde manchmal auf den Sieg Christi über Satan als einen zentralen Aspekt von Luthers Sühneverständnis aufmerksam gemacht[236], aber seine Betonung auf die Freiheit eines Christen von Satans Macht wurde weitestgehend ignoriert.[237] Für Luther selbst war dies aber wichtig. Es ist verwunderlich, dass man diesen Aspekt außer Acht gelassen hat, da es für Luther eine Zwangsläufigkeit war. Es ist kein Zufall, dass Christi Sieg über den Bösen und unser Sieg durch Christus ein zentrales Motiv in seinem Lied *Eine feste Burg ist unser Gott* darstellt:

> Ein feste Burg ist unser Gott,
> ein gute Wehr und Waffen …
> Der alt böse Feind mit Ernst er's jetzt meint,
> groß Macht und viel List
> sein grausam Rüstung ist,
> auf Erd ist nicht seinsgleichen.
>
> Mit unsrer Macht ist nichts getan,
> wir sind gar bald verloren;
> es streit' für uns der rechte Mann,
> den Gott hat selbst erkoren.
> Fragst du, wer der ist?
> Er heißt Jesus Christ,
> der Herr Zebaoth,
> und ist kein andrer Gott,
> das Feld muss er behalten.
>
> Und wenn die Welt voll Teufel wär
> und wollt uns gar verschlingen,
> so fürchten wir uns nicht so sehr,
> es soll uns doch gelingen.
> Der Fürst dieser Welt
> wie sau'r er sich stellt,
> tut er uns doch nicht;
> das macht, er ist gericht':
> Ein Wörtlein kann ihn fällen.[238]

Wir sollten Luthers Worte über Satans „Macht“ beachten. Luthers Lebensgeschichte vermittelt ein tiefes Bewusstsein ihrer Realität im christlichen Leben und seine Schriften beweisen ein feines Gespür für Satans Raffinesse und seine Täuschungen. Deshalb bemerkt er auch in seiner Auslegung zu Genesis 3:

> Aber wenn wir, wie es angemessen ist, diese Dinge mit etwas mehr Vorsicht betrachten, dann werden wir sehen, dass dies die größte und schwerste aller Versuchungen war; *denn die Schlange attackiert direkt Gottes guten Willen und macht es sich zur Aufgabe, von dem Verbot ausgehend zu beweisen, dass Gottes Wille gegenüber dem Menschen nicht gut ist.* Deshalb attackiert Satan hier Adam und Eva auf diese Weise, um sie des Wortes Gottes zu berauben und um sie seiner Lüge glaubend zu machen, nachdem sie das Wort und das Vertrauen in Gott verloren hatten.[239]

Diese Verzerrung des Charakters Gottes (der Angriff auf seinen guten Willen) und der Entzug der Wahrheit über Gott (indem die Wahrheit mit der Lüge vertauscht wird[240]) waren für Luther eine zentrale Einsicht in die Kontroversen seiner Zeit. Er malte nicht deshalb ein Bild von einer „Welt voller Teufel“, weil er im Mittelalter lebte, sondern weil er glaubte, dass die ganze Welt in der Macht des Bösen liegt.[241] Er entdeckte daher Satans bösartigen Einfluss darin, das Wort Gottes zu verzerren und der Kirche das Evangelium zu entziehen, uns zwar nicht nur in Eden, sondern auch im Europa des 16. Jahrhunderts.

Während es wahr ist, dass „diese Gerissenheit und Niederträchtigkeit Satans von allen Häretikern imitiert wird“[242], erkannte Luther, dass Satan eine subtiler Ziel unter Gottes Volk hatte: die Umkehrung des Evangeliums in ein anderes Gesetz. Hier ist ein faszinierender Kommentar:

> Im Konflikt mit dem Teufel ist es nicht genug, zu sagen: „Dies ist das Wort Gottes“, denn es ist des Teufels größter [Trick], jemandem die Waffen zu nehmen, wenn die Angst plötzlich zuschlägt … Er ist uns gegenüber feindselig. Wir wissen nicht einen hundertsten Teil von dem, was er weiß … Es ist die höchste Kunst des Teufels, dass er aus dem Evangelium das Gesetz machen kann … Der Teufel dreht das Wort auf den Kopf.[243]

Menschen hören im Evangelium die gute Botschaft von der Vergebung. Vergebung basiert nicht auf irgendeiner Vorbedingung. Aber Satan ist eine „saure Seele“. Das Ergebnis? Die Menschen antworten, indem sie sagen, dass sie ein besseres Leben führen werden, dass sie es härter versuchen und sich noch mehr anstrengen werden. Das Wort wurde so tatsächlich auf den Kopf gestellt. Um den Teufel zu überwinden, muss der Gläubige deshalb in allen Segnungen ruhen, die ihm frei in Christus gegeben werden, und sich an ihnen erfreuen. Und so wird letzten Endes das Evangelium den Teufel auf den Kopf stellen.

## Auswirkungen

Was nun bedeuten die Souveränität Gottes, die Errettung durch Gnade, die Rechtfertigung aufgrund des Glaubens und das neue Leben in der Vereinigung mit Christus für das Leben eines Christen? Für Luther beinhalten sie vier Auswirkungen:

Die erste Auswirkung besteht in dem Wissen, dass der gläubige Christ *simul iustus et peccator* ist[244], zu ein und derselben Zeit sowohl gerechtfertigt als auch ein Sünder ist. Dieses Prinzip, das möglicherweise von den Ausführungen von Johannes Taulers *Theologica Germanica* beeinflusst wurde, war ein sehr stabilisierendes Prinzip: mich selbst betrachtend, sehe ich nur den Sünder; aber wenn ich mich selbst in Christus anschaue, dann sehe ich einen Menschen, gerecht gesprochen aufgrund von Christi perfekter Gerechtigkeit. Solch ein Mensch ist deshalb fähig, vor Gott als gerecht dazustehen, wie Jesus Christus – weil er nur in der Gerechtigkeit Christi gerecht ist. Hier stehen wir sicher.

Die zweite Auswirkung ist die Entdeckung, dass Gott in Christus unser Vater geworden ist. Wir sind angenommen. Einer der schönsten Berichte aus Luthers *Tischreden* wurde, vielleicht bewusst, von dem etwas melancholischen, aber allseits beliebten Johann Schlaginhaufen aufgezeichnet:

> Gott muss viel freundlicher zu mir sein und in viel freundlicherer Weise mit mir sprechen als meine Käthe zu dem kleinen Martin. Weder Käthe noch ich könnten bewusst unserem Kind die Augen ausstechen oder ihm den Kopf abreißen. So auch Gott nicht. Gott muss Geduld mit uns haben. Er hat es bewiesen und deshalb hat er seinen Sohn in unser Fleisch gesandt, damit wir ihn als das Beste ansehen können.[245]

Drittens betonte Luther, dass das Leben in Christus notwendigerweise ein Leben unter dem Kreuz ist.[246] Wenn wir mit Christus vereint sind, dann wird unser Leben nach seinem Muster gestrickt sein. Sowohl für die wahre Kirche als auch für den wahren Christen besteht der Weg nicht in der *Theologie der Herrlichkeit* (*theologia gloriae*), sondern in der *Theologie des Kreuzes* (*theologia crucis*). Das beeinflusst uns innerlich, während wir unserem Selbst sterben, als auch äußerlich, wenn wir die Leiden der Kirche teilen. Die mittelalterliche Theologie der Herrlichkeit muss von der Theologie des Kreuzes überwunden werden. Trotz all ihrer Unterschiedlichkeiten in Bezug auf das Verständnis des genauen Wesens der Sakramente waren sich Luther und Calvin an diesem Punkt einig. Wenn wir mit Christus in seinem Tod und seiner Auferstehung vereinigt sind und dies durch unsere Taufe bekennen (wie Paulus in Römer 6,1-14 lehrt), dann wird das ganze christliche Leben ein Kreuztragen sein:

> Das Kreuz Christi bedeutet nicht das Stück Holz, welches Christus auf seinen Schultern trug und an das er später genagelt wurde. Allgemein steht es für all die Not der Gläubigen, deren Leiden Christi Leiden sind; 2.Kor 1,5: „Denn wie die Leiden des Christus sich reichlich über uns ergießen"; und wieder: „Jetzt freue ich mich in meinem Leiden, [die ich] um euretwillen [erleide], und ich erfülle meinerseits in meinem Fleisch, was noch an Bedrängnissen des Christus aussteht, um seines Leibes willen, welcher die Gemeinde ist" (Kol 1,24). Das Kreuz Christi bedeutet deshalb allgemein all die Nöte der Kirche, die sie für Christus leidet.[247]

Die Vereinigung des Gläubigen mit Christus in seinen Tod und seine Auferstehung und das Ausleben dieser Tatsache in der täglichen Erfahrung wurde deshalb für Luther zur Brille, durch welche der Christ lernt, jede Erfahrung im Leben zu sehen. Diese *theologia crucis* bringt alles in einen schärferen Fokus und befähigt uns, einen Sinn in den Höhen und Tiefen eines Christenlebens zu sehen:

> Es ist für uns gewinnbringend, um diese Dinge zu wissen, damit wir nicht von Sorgen verschlungen werden oder in Verzweiflung fallen, wenn wir sehen, dass uns unsere Widersacher grausam verfolgen, exkommunizieren und uns töten. Aber lasst uns selbst über das Beispiel des Paulus nachdenken, dass wir uns des Kreuzes rühmen müssen, welches wir tragen, nicht wegen unserer Sünden, sondern um Christi willen. Wenn wir in uns selbst nur auf die Leiden, die wir erdulden, schauen, dann erscheinen sie nicht nur schlimm, sondern auch inakzeptabel; aber wenn wir sagen können: „Deine Leiden (Oh, Christus) sind sehr zahlreich in uns", oder wie es in Psalm 44 heißt: „Ja, um deinetwillen werden wir getötet den ganzen Tag", dann sind diese Leiden nicht nur leicht, sondern auch süß, ausgehend von dem Wort: „Denn mein Joch ist sanft und meine Last ist leicht" (Mt 11,30).[248]

Viertens ist das christliche Leben gekennzeichnet von Gewissheit und Freude. Dies war verständlicherweise eines der Kennzeichen der Reformation. Die Wiederentdeckung der Reformation bezüglich der Rechtfertigung – dass anstelle des Hinarbeitens auf ein erhofftes Ziel das christliche Leben eigentlich erst mit ihr beginnt – brachte eine erstaunliche Befreiung mit sich und erfüllte die Gedanken, den Willen und die Gefühle mit Freude. Es bedeutete, dass jemand nun angesichts einer gesicherten zukünftigen Herrlichkeit beginnen konnte, im Licht zu leben. Es war unvermeidlich, dass sich dieses Licht im gegenwärtigen Leben widerspiegelte, indem es intensive Erleichterung und Freiheit brachte.

### Auf dem Kopf gehen

Für Luther ist das Christenleben im Evangelium gegründet, errichtet, und es verherrlicht das Evangelium, sodass es die freie und souveräne Gnade Gottes darlegt, und es wird in Dankbarkeit gegenüber dem Erretter, der für uns starb, ausgelebt. Es ist ein Leben, das uns mit ihm im Tragen des Kreuzes verbindet, bis der Tod in den Sieg verschlungen und der Glaube durch das Sehen ersetzt wird.

Vielleicht [war es] im Jahre 1522, als sie Luther, der eines Sonntags in der Kirche von Borna predigte, lauschten, dass sich einige in der Versammlung verwunderten, was es ist, das im Herzen des Evangeliums ist, das Bruder Martin so erregt hatte, um nicht zu sagen gar verwandelte.

Konnte es möglicherweise auch etwas für sie sein? Luther hatte ihre Gedanken erraten. Gut vorbereitet betrat er die Kanzel, um ihre Frage zu beantworten:

> Aber was ist das Evangelium? Es ist dies, dass Gott seinen Sohn in diese Welt gesandt hat, um Sünder zu retten, Johannes 3,16, und um die Hölle zu zerstören, den Tod zu überwinden, die Sünde wegzunehmen und das Gesetz zu erfüllen. Aber was musst du tun? Nichts anderes, als dies anzunehmen und aufzuschauen zu dem Erlöser und ernstlich zu glauben, dass er dies alles für dich zum Guten getan hat und es dir frei gibt als dein Eigen, sodass du in dem Schrecken des Todes, der Sünde und der

> Hölle zuversichtlich sagen kannst und mutig darauf bestehst: Obwohl ich das Gesetz nicht erfülle, obwohl die Sünde immer noch gegenwärtig ist und ich den Tod und die Hölle fürchte, weiß ich nichtsdestotrotz aus dem Evangelium, dass Christus mir alle seine Werke geschenkt hat. Ich bin sicher, er wird nicht lügen, seine Verheißungen wird er gewiss erfüllen. Und als ein Zeichen dafür habe ich die Taufe empfangen …
>
> Darin verankere ich mein Vertrauen. Denn ich weiß, dass mein Herr Christus den Tod, die Sünde, die Hölle und den Teufel mir zugute überwunden hat. Denn er war unschuldig, wie Petrus sagt: „Er hat keine Sünde getan, es ist auch kein Betrug in seinem Mund gefunden worden" (1.Petrus 2,22). Deshalb waren die Sünde und der Tod nicht fähig, ihn zu erschlagen, die Hölle konnte ihn nicht halten und er ist deren Herr geworden und hat dies allen gewährt, die ihn annehmen und es glauben. All dies ist nicht wirksam durch meine Werke oder Verdienste; sondern aufgrund purer Gnade, Güte und Barmherzigkeit.[249]

Luther sagte einst: „Wenn ich glauben könnte, daß mir Gott nicht zürnt, so würde ich vor Freude auf dem Kopf gehen."[250] Vielleicht haben noch am selben Tag einige von denen, die ihn haben predigen hören, geantwortet und erlebten die „Zuversicht", von der er sprach. Wer weiß, ob einige der jüngeren Zuhörer wiederum an ihre Freunde geschrieben haben und ihnen sagten, dass sie nach Hause gegangen waren und vor Freude Kopf standen?

*Kapitel 5*

# LUTHER ÜBER DIE KIRCHE

W. ROBERT GODFREY

Als Martin Luther seine 95 Thesen zur öffentlichen Debatte mit den Gelehrten am 31. Oktober 1517 an das „schwarze Brett" der Universität zu Wittenberg, in diesem Fall eine Kirchentür, schlug, war er ein unbekannter Augustinermönch, der bisher noch nicht das Evangelium aus der Heiligen Schrift wiederentdeckt hatte. Doch in einigen Thesen klang bereits sein Interesse an, das mit der Zeit wachsen und ihm Klarheit verschaffen würde. Zum Beispiel These 32: „Es werden samt ihren Lehrern in Ewigkeit verdammt sein, die da glauben, durch Ablaßbriefe ihres Heils gewiß zu sein."[251] In dieser These schrieb er über die Errettung, die er später klar in Begriffen des Werkes Christi verstehen sollte, von den Ablässen, die ein korrupter Auswuchs der mittelalterlichen Missbrauchs der Sakramente waren, und von den Lehrern, die als Leiter der Kirche die Christen ernstlich in die Irre führten. In diesem Kapitel werden wir einen Blick auf die reifen Gedanken Luthers in Bezug auf Christus, die Sakramente und die Kirche werfen.

## Christus

Luther hat für die Kirche die Zentralität der Person Christi und seines Werkes in der Erlösung in der Bibel wiederentdeckt. Er nahm verschiedene mittelalterliche Irrtümer und Zusätze weg, sodas Christus alleine deutlich als das Licht dieser Welt erschien. Seine Schriften über das Werk Christi waren oft erstaunlich einfach und kurz. Insbesondere betonte er, dass Christus in seinem Leben, seinem Tod und seiner Auferstehung all das erworben hatte, was für die Errettung seines Volkes notwendig war. Zum Beispiel schrieb Luther 1522: „Deshalb muss man wie folgt lehren: ‚Siehe, Christus starb für dich! Er nahm Sünde, Tod und Hölle auf sich und erniedrigte sich selbst. Aber nichts konnte ihn unterwerfen, denn er war zu stark; er erstand aus den Toten, war vollkommen siegreich und hat sich alles unterworfen. Und er tat all dies, damit du davon frei und Herr darüber seiest. Wenn du das glaubst, dann hast du es.'"[252]

Ähnlich lehrte er in seinem Großen Katechismus (1529):

> Da gab es keinen Rat, keine Hilfe und keinen Trost, bis daß sich dieser einzige und ewige Gottessohn unseres Jammerns und Elends aus grundloser Güte erbarmte und vom Himmel kam, um uns zu retten … Jesus Christus, ein Herr des Lebens, der Gerechtigkeit, alles Guten und aller Seligkeit, der hat uns arme, verlorene Menschen aus dem Höllenrachen gerissen, gewonnen, frei gemacht und wieder zurückgebracht in des Vaters Huld und Gnade … der uns vom Teufel zu Gott, vom Tod zum Leben, von der Sünde zur Gerechtigkeit gebracht hat und dabei erhält.[253]

In durchgängigen Begriffen schrieb Luther später in *Von den Konzilien und Kirchen* (1539): „Sondern allein der Glaube an Christus kann das, der ein König der Gerechtigkeit in uns ist, durch sein teures Blut, Sterben und Auferstehen, womit er für uns die Sünde vertilgt, genug getan, Gott versöhnt und uns vom Tode, vom Zorn und von der Hölle erlöst hat.“[254] Jesus ist wahrhaftig der vollkommene Erlöser, der sein Eigen vom Tod, dem Teufel und des Vaters Zorn errettet und sie zum Leben, der Vergebung und der Gerechtigkeit führt.

Luther betonte, dass das Werk Christi das Fundament der Gewissheit und Zuverlässigkeit der Verheißungen Jesu ist. So wie er als Mönch mit den schrecklichen Versuchungen kämpfte und Frieden mit Gott in den Verheißungen des Wortes fand, so wollte er, dass jeder diesen Frieden erlebte. Er lehrte, dass die Errettung zu jedem komme, der auf die Verheißungen Jesu vertraute. Er wollte deutlich machen, dass die Verheißungen und die Gegenwart Jesu objektiv wahr und verfügbar waren, selbst wenn kein Glaube vorhanden war. Der Glaube erschafft nicht die Verheißungen oder macht Jesus zum Retter; vielmehr ruht der Glaube einfach auf einem rettenden Jesus.

## Das Werk Christi und der Wille des Vaters

Luther brachte oftmals seine Gedanken über das Werk Christi klarer zum Ausdruck, wenn er es in Relation zu dem Willen des Vaters brachte, sowie in Relation zu den Predigten über das Gesetz und die Gnade.[255] Er bestand darauf, dass die Liebe und rettende Absicht, die wir im Werk Jesu sehen, genau die Liebe und die Absicht ist, die der Vater offenbart und ausdrückt:

Die erste Sache, die du in der Person Jesu siehst, besteht darin, dass er niemanden mit einem sauren Gesicht anschaut, niemanden in einer unfreundlichen Art und Weise behandelt, niemanden ängstigt oder von sich wegstößt. Er lädt alle Menschen ein und zieht sie in der freundlichsten Art und Weise zu sich, sowohl mit seinen Worten als auch mit seinem Verhalten. Er zeigt sich selbst als Knecht, der jedem helfen möchte. Des Weiteren lässt er sich selbst für dich kreuzigen und vergießt freiwillig Sein Blut. All das siehst du mit deinen Augen; und mit deinen Ohren hörst du nichts als freundliche, süße und aufmunternde Worte, wie z.B.: „Euer Herz erschrecke nicht“ (Joh 14,1); „Kommt her zu mir alle, die ihr mühselig und beladen seid“ (Mt 11,28); „… damit jeder, der an ihn glaubt, nicht verloren geht, sondern ewiges Leben hat“ (Joh 3,16), usw. Das Evangelium vom St. Johannes ist voll von solchen Versen. Von diesem kannst du mit Sicherheit ausgehen, dass er dir gegenüber nicht feindselig ist, sondern dass er dir alle Gnade und Güte zeigen möchte. Hänge dich daran; halte daran fest; erlaube deinen Augen und deinen Gedanken nicht, dich davon zu entfernen; und lass dich von nichts, was dir sonst noch passiert, vom richtigen Pfad wegbringen.

Und wenn du nun hörst und siehst, wie sich dir Christus selbst offenbart, kannst du versichert sein, dass der Vater dir gegenüber in derselben Weise eingestellt ist … Christus sagt: „Die Worte, die ich zu euch sagte, sprach ich nicht in meiner eigenen

> Autorität", sondern es sind die Worte des Vaters. Und an einer anderen Stelle lesen wir (Joh 6,40): „Denn das ist der Wille meines Vaters, dass, wer den Sohn sieht und glaubt an ihn, das ewige Leben habe." Wer dies im Glauben ergriffen hat, der kann nicht denken, dass Gott zornig über ihn ist oder ihn abweisen und verdammen wird. Denn hier gibt es weder ein Wort oder ein Zeichen des Missfallens, sondern nur freundliche, gnädige Worte, ein liebender und freundlicher Blick, kurz, äußerste Leidenschaft und Begeisterung einer unaussprechlichen, väterlichen und ehrlichen Liebe.[256]

Luther rief inbrünstig jedermann dazu auf, auf Christus zu schauen und die reichhaltige Barmherzigkeit des Vaters in ihm zu finden. Er wollte nicht, dass irgendjemand am Willen des Vaters zweifelte, alle zu retten, die zu Jesus kommen. Der Vater und der Sohn sind durch ein Ziel vereinigt, sodass der Christ sich niemals Sorgen machen muss, dass der Wille des Vaters sich in irgendeiner Weise von den Worten und Verheißungen des Sohnes unterscheidet.

## Das Werk Christi in der Predigt des Gesetzes und des Evangeliums

Für Luther kam das Werk Christi äußerlich zum Sünder durch das Wort und die Sakramente (Gottes äußere Mittel) und inwendig durch den Heiligen Geist und den Glauben. Sowohl das Äußere als auch das Innere sind notwendig. Er schrieb:

> Nun, wenn Gott sein heiliges Evangelium sendet, dann verfährt er mit uns auf zweierlei Weise, zuerst

> äußerlich, dann inwendig. Äußerlich begegnet er uns durch sein gesprochenes Wort des Evangeliums und durch sichtbare Zeichen, das sind die Taufe und das Abendmahl. Innerlich begegnet er uns durch den Heiligen Geist, den Glauben und andere Gaben. Aber das Äußerliche muss immer dem Innerlichen vorausgehen. Das innerliche Erleben folgt und wird durch das Äußerliche verursacht. Denn er möchte niemandem den Geist oder Glauben außerhalb des äußerlichen Wortes und der äußerlichen Zeichen geben, die von ihm eingesetzt sind, wie er in Lukas 16[,29] sagt: „Lass sie Mose und die Propheten hören." Dementsprechend kann Paulus die Taufe das „Bad der Wiedergeburt" nennen, bei der Gott „reichlich den Heiligen Geist ausgegossen hat" [Titus 3,5]. Und das gesprochene Evangelium „ist die Kraft Gottes zur Errettung für jeden, der glaubt" (Röm 1[,16]).[257]

Der Christ muss dem äußeren Mittel des Wortes Priorität beimessen, sowohl in der Predigt als auch in den Sakramenten. Als Gott zu uns im Fleisch kam, so fährt er nun weiter fort, zu uns zu kommen durch äußere Mittel, um sein Ziel zu erreichen. Dies sind die Mittel, die Gott festgesetzt hat und durch die er kraft des Heiligen Geistes wirkt.

Luther hat immer betont, dass wir Gott in seinen äußeren Mitteln finden, seinen festgesetzten Mitteln, nicht in unserer Schöpfung oder unseren Erfahrungen. Wir müssen auf Gottes vorgeschriebenem Weg zu ihm kommen. Luther verwarf die Erfindungen Roms und die Behauptungen angeblicher Offenbarungen des Heiligen Geistes unter den Wiedertäufern. Nur die äußeren Mittel, die gemäß der Bibel von Gott eingesetzt sind, verbinden uns mit Jesus. Luther erklärte kühn, dass er lieber den Jesus haben wollte, der in der Predigt des Evangeliums vorgestellt wird, als ihn in Person: „Deshalb kommt er zu uns durch das Evangelium. Ja, es ist weitaus besser, dass er durch das Evangelium kommt, als wenn er jetzt durch die Tür kommen würde; denn du würdest ihn nicht einmal erkennen, selbst wenn er hereinkommen würde. Wenn du glaubst, dann besitzt du; wenn du nicht glaubst, dann besitzt du auch nichts."[258]

Für Luther musste wahres Predigen immer zwei Elemente aufweisen: das Gesetz und das Evangelium. Wir können weder Gott noch uns selbst kennen ohne diese zwei Wahrheiten. Von der Bedeutung des Gesetzes in der Predigt schrieb er: „Das Gesetz zeigt nur Sünde, erschreckt und demütigt uns; deshalb bereitet es uns auf die Rechtfertigung vor und drängt uns zu Christus."[259] Das Gesetz muss Gottes Volk regelmäßig gepredigt werden, das niemals über die Notwendigkeit seines demütigenden Werkes hinauswächst. Luther bestand darauf:

> Denen, die selbstgefällig sind und die bereits die Furcht Gottes verworfen haben, müssen Gottes Schläge und Zorn vor Augen geführt bekommen, damit sie gewarnt seien durch das Beispiel der anderen und aufhören zu sündigen … Deshalb sind diejenigen – ich weiß nicht, wodurch sie beeinflusst sind –, die daran festhalten, dass das Gesetz nicht in der Kirche gepredigt werden sollte, verderbliche Lehrer. Würdest du wirklich nicht das Gesetz lehren, wo es doch echte Menschen des Gesetzes gibt, nämlich die Gierigen, Stolzen, Ehebrecher, Wucherer, Götzendiener usw.? Würdest du die Verheißungen des Neuen Testamentes gebrauchen, um

> die Selbstgefälligkeit derer zu vergrößern, die bereits vorher selbstgefällig waren? Tatsächlich möchte Gott die Zerstörung Sodoms durch Feuer und dass dieser See aus Pech und Schwefel auffällig sei bis zu diesem Tag und dass man darüber in Predigten spreche und dies in der ganzen Nachwelt bekannt mache, damit am Ende wenigstens einige reformiert werden und lernen würden, Gott zu fürchten … Heute kannst du viele treffen, die sich durch die Notwendigkeit, das Gesetz zu predigen, angegriffen fühlen und es meiden, denn sie halten daran fest, dass ihr Gewissen belastet wird, wenn sie solche Dinge hören. Aber sind sie nicht feine Christen? Sie geben das Sündigen nicht auf; sie sind süchtig nach Gier, nach Zorn, nach Lust, zu feiern, usw. Wenn sie hören, wie diese Sünden zensiert werden, dann fühlen sie sich angegriffen und wollen nicht, dass ihr Gewissen belastet wird. Sollen wir etwa aus diesem Grund jeden das tun lassen, was ihn zufriedenstellt, und ihn für gesegnet erklären? Auf keinen Fall; denn du hörst, dass die Zerstörung Sodoms durch Feuer als ein Beispiel für alle kommenden Generationen gesetzt ist und tatsächlich sogar für die Kirche Gottes, damit der Mensch es lernen möge, Gott zu fürchten.[260]

Luther nannte das Gesetz einen „Hammer“[261], der gebraucht werden muss, um Selbstgefälligkeit und Gleichgültigkeit zu zerschmettern.

Obwohl Luther vornehmlich die verdammende Funktion des Gesetzes betonte, war er kein Antinomist. Vielmehr erwartete er, dass diejenigen, die sorgfältig im Gesetz unterwiesen und zu Christus als ihrem Bergungsort geflohen waren, ein Leben der Liebe und echter guter Werke führen würden und nicht ein Leben aus Werken, die erdacht wurden, um menschliche Vorstellungen und asketische Heiligkeit zu befriedigen:

> Paulus ist ein herausragender Ausleger der Gebote Gottes. Denn er fasst alles von Mose in eine sehr kurze Zusammenfassung und zeigt auf, dass in all seinen Gesetzen, die nahezu endlos sind, nichts anderes enthalten ist als dieses Wort: „Du sollst deinen Nächsten lieben wie dich selbst." Die Vernunft ist natürlich von dieser Spärlichkeit und dem Mangel an Worten abgestoßen, wenn es so einfach ausgedrückt ist wie „Glaube an Christus" und „Du sollst deinen Nächsten lieben wie dich selbst". Deswegen verwirft sie sowohl die Lehre vom Glauben als auch die Lehre von wahrhaft guten Werken. Denen jedoch, die Glauben haben, ist diese kümmerliche und dürftige Phrase „Glaube an Christus" die Kraft Gottes (Röm 1,16), durch welche sie die Sünde, den Tod und den Teufel überwinden und die Erlösung erlangen. Auch der Dienst an anderen Personen durch Liebe erscheint der Vernunft als das Verrichten von unwichtigen Werken, wie etwa den Folgenden: die Irrenden zu belehren die Angefochtenen zu trösten, die Schwachen zu ermutigen, dem Nächsten auf jegliche Art zu helfen, dessen rüde Art und Unhöflichkeit zu tragen. Des Weiteren sich Ärgernisse, Mühen und die Undankbarkeit und Verachtung der Menschen gefallen zu lassen, sowohl vonseiten der Kirche als auch des Staates, den Richtern zu gehorchen, die eigenen Eltern mit Respekt zu behandeln, zu Hause geduldig mit einer verschrobenen Frau und

> einer widerspenstigen Familie und dergleichen mehr zu sein. Aber glaube mir, diese Werke sind so herausragend und vorzüglich, dass die ganze Welt ihren Nutzen und Wert nicht zu fassen vermag; tatsächlich kann sie nicht den Wert eines noch so kleinen wahren, guten Werkes ermessen, weil sie Werke oder irgendetwas anderes nicht auf der Basis von Gottes Wort misst, sondern auf der Basis der Vernunft, die bösartig, blind und töricht ist.[262]

Luther war streng und deutlich darin, dass das Gesetz uns lehrt, dass Christen ihren Nächsten lieben sollen. Sicherlich lehrte er einen dritten Gebrauch des Gesetzes. Wir werden später detailliert zu Luthers drittem Gebrauch des Gesetzes zurückkehren, wenn wir seine Lehre über die Kirche betrachten.

Nachdem das Gesetz gepredigt worden ist, um alle Selbstgerechtigkeit in den Sündern zu zerschlagen, muss das Evangelium präsentiert werden. Diese beiden sind notwendig, müssen aber scharf voneinander getrennt werden. Die wahren Prediger und die wahren Christen sind diejenigen, die das Gesetz und das Evangelium kennen und wissen, wann und wie beide auf das Gewissen des Christen angewendet werden müssen. Luther schrieb:

> Sowohl das Gesetz als auch das Evangelium müssen gelehrt und bedacht werden. Es ist ein Fehler, sich auf eines der beiden zu beschränken. Das Gesetz dient keinem anderen Grund, als einen Durst zu erwecken und das Herz zu ängstigen. Das Evangelium alleine stillt diesen Durst, stimmt uns fröhlich und belebt und tröstet das Gewissen. Damit die Lehre

> des Evangeliums keine faulen, gefräßigen Christen erschafft, die meinen sie müssten keine guten Werke tun, erzählt das Gesetz dem alten Adam: „Lass von der Sünde ab! Sei fromm! Lass von diesem ab, und tue dies!“ Dann, wenn das Gewissen niedergeschlagen ist und realisiert, dass das Gesetz nicht nur unbedeutende Buchstaben auf dem Papier sind, wird der Mensch geängstigt. Und dann muss er der Stimme des Evangeliums Gehör schenken. Wenn du gesündigt hast, lausche dem Lehrer, Christus, der sagt: „Komm zu mir! Ich werde dich nicht vor Durst umkommen lassen, sondern werde dir zu trinken geben.“[263]

Für Luther ist das Evangelium schlicht und einfach die Verheißung der Vergebung durch das Werk Jesu: „Folglich, wenn ich höre, dass Jesus Christus starb, meine Sünde wegnahm, den Himmel für mich erwarb und mir alles gab, was Er hat, dann höre ich das Evangelium.“[264] Das Evangelium zu hören bedeutet, Jesus zu hören, der im Evangelium gegenwärtig ist, um zu retten.

Christen müssen immer das Evangelium hören, da sie ständig der Vergebung bedürfen:

> Weiterhin glauben wir, dass wir in dieser christlichen Kirche Vergebung der Sünde haben – durch die heiligen Sakramente und das Amt der Schlüssel [Lossprechung in der Beichte], außerdem durch viele Trostsprüche des ganzen Evangeliums. Darum gehört das, was von den Sakramenten zu lehren ist, hierher – und im Grunde das ganze Evangelium und alle Pflichten der Christenheit. Und es ist nötig, dass dies alles beständig in Kraft und Geltung ist.[265]

Die Vergebung, derer wir permanent bedürfen, war für Luther die großartige Botschaft und das Geschenk der Predigt des Evangeliums und der Sakramente des Evangeliums.

## Die Sakramente

Wie für Luther Christus in der Predigt des Evangeliums gegenwärtig ist, um zu retten, so ist Jesus auch in gleicher Weise in den Sakramenten präsent. Viel von Luthers Energie ging dahin, die Sakramente als reale Mittel zu definieren und zu verteidigen, durch die Jesus präsent ist, um sein Volk zu segnen. Luther wurde an diesem Punkt oft von anderen Protestanten missverstanden, als ob seine Sicht der Sakramente magisch, abergläubisch oder vom Glauben getrennt wäre. Er bestand darauf, dass Gott immer materielle Dinge gebrauche, um seinen Segen zu spenden, und dass die Sakramente als das sichtbare Wort des Evangeliums eine sichere und zuverlässige Aussage sind. Er schrieb: „Denn es ist eine Sache, dass Gott präsent ist, und eine andere, ob er für dich präsent ist. Er ist hier für dich, wenn er sein Wort hinzufügt und sich selbst bindet, indem er sagt: ‚Hier bist du, um mich zu finden.'"[266] Für Luther hatte Jesus sich selbst daran gebunden, in den Sakramenten gefunden zu werden. Diejenigen, welche die Sakramente verspotteten oder herabminderten, verspotteten Gott und verstanden seine Wege nicht. Er bestand darauf: „Unsere Fanatiker jedoch sind voll von Betrug und Humbug. Sie denken, dass nichts Geistliches dort präsent sein könne, wo es etwas Materielles und Physisches gibt, und behaupten, dass das Fleisch keinen Nutzen hat. Gerade das Gegenteil ist wahr. Der Geist kann nicht mit uns sein, außer in materiellen und physischen Dingen, wie dem Wort, dem Wasser, dem Leib Christi und in seinen Heiligen auf Erden."[267]

Luther verwarf alle mechanischen oder magischen Vorstellungen von den Sakramenten, aber er war darin unnachgiebig, dass sie in Wirklichkeit als Wege verstanden werden müssten, in denen Christus gegenwärtig ist. Die Sakramente sind von Christus eingesetzt und er ist in ihnen gegenwärtig, unabhängig davon, ob jemand sie im Glauben empfängt oder nicht. Der Glaube bringt kein Sakrament hervor; Gott tut dies. Genau aus diesem Grund sprach Luther so vehement über die Kraft der Sakramente.

## Taufe

Luther verwies auf die objektiven Verheißungen Christi, die in der Taufe enthalten sind: „Denn – ‚in Gottes Namen' getauft zu werden, das heißt: Nicht von Menschen, sondern von Gott selbst getauft zu werden."[268] Weiter: „Darum hat jeder Christ sein Leben lang genug an der Taufe zu lernen und sich in sie einzuüben; denn er hat immer damit zu tun, fest zu glauben, was sie zusagt und schenkt: Überwindung des Teufels und des Todes, Vergebung der Sünde, Gottes Gnade, den ganzen Christus und den Heiligen Geist mit seinen Gaben. [42] Kurz, dies ist so überschwänglich viel, dass, wenn es die zaghafte Natur des Menschen bedenkt, er allen Grund zum Zweifel hat, ob es wahr sein kann."[269] Insbesondere schrieb er vom Segen der Taufe: „So und nicht anders muss man die Taufe ansehen und sich zunutze machen. Ihrer sollten wir uns trösten und durch sie uns stark machen lassen, wenn uns unsere Sünde oder unser Gewissen beschwert. Wir sollen dann sagen: Ich bin dennoch getauft; bin ich aber getauft, so ist mir zugesagt, dass ich selig werden und das ewige Leben an Leib und Seele erlangen soll."[270]

Zugleich bestand Luther darauf, dass der Glaube die Sakramente empfangen muss, damit sie rettend seien. Er schrieb:

> Wahrlich, man sollte den Glauben zur Taufe hinzufügen. Aber wir sollen die Taufe nicht auf den Glauben stützen … Wer auch immer sich selbst erlaubt, auf der Stärke seines Glaubens getauft zu werden, befindet sich nicht nur im Ungewissen, sondern ist ebenfalls ein Götzendiener, der Christus verleugnet … Aber eine Taufe aufgrund des Wortes und Befehls Gottes, selbst wenn der Glaube nicht vorhanden ist, ist immer noch eine richtige und sichere Taufe, wenn sie so vollzogen wird, wie Gott es befohlen hat. Zugegeben, es ist nicht von Vorteil für den Getauften, der ohne Glauben ist, aufgrund des Mangels seines Glaubens, aber die Taufe ist deshalb nicht falsch, zweifelhaft oder bedeutungslos.[271]

Tatsächlich hat die Taufe keinen rettenden Nutzen für die Person, wenn sie nicht im Glauben empfangen wird.

## Das Abendmahl

Zu seiner Zeit erfuhr Luther für seine Abendmahlslehre Angriffe vonseiten der römischen Katholiken, der Wiedertäufer und einiger Protestanten. Luther bestand darauf, dass er nur das lehrte und glaubte, was er in der Bibel fand. Er fasste seine Lehre diesbezüglich so zusammen:

> Was ist nun das Sakrament des Altars? Antwort: Es ist der wahre Leib und das wahre Blut des Herrn Christus in und unter dem Brot und Wein, wie es durch Christi Wort uns Christen zu essen und zu trinken befohlen ist … Das ist allerdings wahr: Wenn du das Wort Christi fortnimmst oder von seinem Worte absiehst, hast du nichts anderes als bloß

> Brot und Wein. Wenn die Worte Christi aber mit Brot und Wein verbunden bleiben, wie sie es sollen und müssen, so sind sie gemäß seinen Worten Leib und Blut Christi … Das bedeutet so viel wie: „Ob du nun unwürdig oder würdig bist, du hast hier seinen Leib und sein Blut, kraft dieser Worte, die zu dem Brot und Wein hinzukommen."[272]

Die Frucht der Realpräsenz und Verheißung Christi im Abendmahl war für Luther klar: „Das heißt so viel wie: Deswegen gehen wir zum Sakrament, um dort jenen Schatz zu erhalten, in dem und durch den wir Vergebung der Sünden bekommen … Darum wird es auch zurecht eine Speise der Seele genannt, die den ‚neuen' Menschen nährt und stärkt."[273]

Gegen allen Widerstand beharrte Luther inbrünstig auf der Präsenz Christi im Abendmahl:

> Hier empören sich wieder unsere klugen Geister mit ihrer großen Gelehrsamkeit und Klugheit und schreien und poltern: „Wie können Brot und Wein die Sünde vergeben oder den Glauben stärken?" Obgleich sie es doch gehört haben und wissen, dass wir dies nicht von jenem Brot und Wein aussagen, die, für sich genommen, eben Brot und Wein sind, sondern wir sagen es von dem Brot aus, das Christi Leib ist, und von dem Wein, der Christi Blut ist; denn sie haben doch die Worte Christi bei sich. Leib und Christi Blut aber und nichts anderes sind ja, so sagen wir, der Schatz, durch den die Vergebung der Sünde erworben ist. [29] Sie wird uns nicht anders als mit den Worten „Für euch gegeben und vergossen" überbracht und zugeeignet. Denn in diesen Worten hast du beides ausgesagt: Dass

> Brot und Wein Leib und Blut Christi sind, dass sie dir gehören als dein Schatz und Geschenk. [30] Nun kann aber der Leib Christi nichts Unfruchtbares oder Wirkungsloses sein; er kann nicht ohne Wirkung und Nutzen sein. Doch wie groß auch der Schatz als solcher ist, er muss in das Wort „eingefasst" sein und muss uns überreicht werden, sonst würden wir nichts von ihm wissen und ihn nicht begehren können.[274]

Luther bestand immer darauf, dass das Wort und die Sakramente zusammengehalten werden müssten hinsichtlich ihrer Realitäten und Auswirkungen, weil sie beide zu den rettenden äußeren Mitteln Gottes gehören.

Wieder einmal war für Luther unverkennbar, dass nur der Gläubige den Segen Christi erhielte, der im Abendmahl verheißen war: „‚Derjenige, der glaubt, was die Worte sagen und was sie mit sich bringen.' Denn jene Worte sind nicht zu Holz und Steinen gesprochen, sondern sie sind denen verkündigt, die sie hören können und zu denen Christus spricht: ‚Nehmet und esset' usf. [34] Und weil er Vergebung der Sünde anbietet und zusagt, kann dies nicht anders als durch den Glauben empfangen werden … Wer aber nicht glaubt, der hat nichts. Der lässt sich alles umsonst anbieten, ohne dieses heilbringende Gut zu empfangen."[275]

So wie Luther auf die äußerlichen Gnadenmittel bestand, so bestand er ebenfalls auf die inwendigen Wege Gottes, insbesondere den Heiligen Geist und den Glauben. Der Heilige Geist bewirkt in Gnade den Glauben im Herzen der Erwählten Gottes durch das Wort. Das inwendige Werk des Geistes, das Geschenk des Glaubens zu geben, war für Luther zentral. Er schrieb: „In dem Wort kommt der Geist und schenkt Glaube wo und wem er will", und wieder: „Gott gibt den Heiligen Geist, der den Glauben bewirkt, wo und wann er will in denjenigen, die das Evangelium hören."[276]

## Die Kirche

Als ein Priester, Mönch und Professor sah sich Luther im Jahre 1517 einer Kirche gegenüber, die erstaunlich komplex war. Die Vielfalt ihrer Einrichtungen, Ämter und Aktivitäten schien nahezu endlos zu sein. Um den Sachverhalt einfach darzustellen: Pfarrgemeinden, Kathedralen, Schreine, Kapellen, Mönchseinrichtungen, Schulen und Wohlfahrten wurden bedient und überwacht von Diakonen, Priestern, ordinierten Mönchen und Laienmönchen, Bischöfen, Kardinälen und dem Papst. Während Luthers Kenntnis der Bibel und seine reformatorische Erkenntnis wuchsen, kam er zur Überzeugung, dass die Kirche, die Christus gegründet hatte, im Kontrast dazu recht schlicht war. Bereits 1522 schrieb er:

> Die Bauchprediger haben ebenfalls die kostbaren Worte „heilig" und „geistlich" pervertiert; sie haben ihren priesterlichen und mönchischen Stand heilig und geistlich genannt … Dasselbe haben sie mit dem Namen „Kirche" gemacht, indem sie darauf bestanden, dass der Papst und die Bischöfe die Kirche sind. Wenn sie mutwillig das tun, was ihnen gefällt, dann sagen sie, dass die Kirche es so befohlen hat. Heiligkeit besteht nicht darin, ein Mönch, Priester oder eine Nonne zu sein, oder darin, eine Tonsur und Kapuze zu tragen. Es ist ein geistliches Wort, welches bekundet, dass wir innerlich wahrhaft heilig im Geist vor Gott sind. Und sein [Petrus'] wahrer Grund für diese Aussage war, darauf hinzuweisen, dass nichts heilig ist außer der Heiligkeit, die Gott in uns wirkt.[277]

1539 brachte Luther eine klare Stellungnahme bezüglich seiner Lehre über die Kirche in seiner Abhandlung *Von den Konzilen und Kirchen* heraus. Dies war seine Antwort auf die päpstliche Vorladung zu einem ökumenischen Konzil, um Vorschläge zur Reform der Kirche zu prüfen.

In seiner Abhandlung diskutiert Luther zunächst die Geschichte der ökumenischen Konzile und ihrer korrekten Arbeitsweise. Er kommt zum Schluss, dass, egal wie wertvoll antike Konzile auch waren, sie nicht mit der Heiligen Schrift konkurrieren könnten in Bezug auf die Klarheit oder Vollkommenheit ihrer Lehre über die christliche Wahrheit: „Zusammenfassend: Lege sie alle zusammen, sowohl die Väter als auch die Konzile, und du wirst immer noch nicht fähig sein, aus ihnen die Lehren des christlichen Glaubens zu entnehmen, selbst wenn du es ewig versuchen würdest. Wenn es nicht die Heilige Schrift gewesen wäre, so wäre die Kirche von den Konzilien und Vätern abhängig und hätte nicht für lange Zeit Bestand gehabt."[278]

Als Nächstes wandte sich Luther dem wahren Charakter der Kirche zu. Für ihn besteht die Kirche im Wesentlichen aus dem Leben und Dienst der lokalen Gemeinde: „Wo du nun von solchem Wort hörst oder siehst, daß man es predigt, glaubt und bekennt und danach tut, da habe keinen Zweifel, daß gewiss da vorhanden sein muss eine rechte ecclesia sancta catholica, ein christliches heiliges Volk, wenn es ihrer auch sehr wenige sind."[279] Auf dieser Basis des Verständnisses von der Kirche beantwortet Luther eine der zentralsten Fragen der Christen: „Wobei will oder kann doch ein armer, irrender Mensch merken, wo solches heiliges, christliches Volk in der Welt ist?"[280] Weil die Christen sich selbst in einer Welt wiederfanden, in der es zwei konkurrierende Parteien gab, die den Anspruch erhoben, die wahre Kirche zu sein, begegneten sie der Frage, woher sie sagen könnten, welches die wahre Kirche Christi war. Luther stellte mehrere Merkmale vor, anhand derer sich Christen orientieren konnten, um die wahre Kirche zu erkennen. Interessanterweise entsprach seine Erörterung bezüglich der Kennzeichen der Kirche den Überlegungen der Reformierten. Aber Luther präsentierte mehr als nur Merkmale. Seine heftige Diskussion explizierte wahrhaft seine Lehre über die Kirche, insbesondere durch sieben Elemente ihres sichtbaren Lebens.

## Das Wort

„Erstens ist dieses christliche, heilige Volk daran zu erkennen, daß es das heilige Gotteswort hat."[281] Luther kehrte immer wieder zu der fundamentalen Wichtigkeit der Heiligen Schrift und des Evangeliums zurück, wenn er sich irgendeiner lehrmäßigen Frage stellte. Die Kirche muss die Offenbarung Gottes haben und sie hegen. „Und wenn es sonst kein Zeichen gäbe als dieses allein, so wäre dies dennoch genügender Hinweis dafür, daß an der Stelle ein christliches, heiliges Volk sein muß; denn Gottes Wort kann nicht ohne Gottes Volk sein und umgekehrt kann Gottes Volk nicht ohne Gottes Wort sein."[282]

## Taufe

„Zweitens erkennt man Gottes Volk oder das christliche, heilige Volk an dem heiligen Sakrament der Taufe, wenn es recht nach Christi Ordnung gelehrt, geglaubt und gebraucht wird."[283] Die Kirche besitzt und verwaltet das Sakrament der Taufe, wie es in der Bibel gelehrt wird, als einen sichtbaren Ausdruck des Evangeliums.

## Abendmahl

„Drittens erkennt man Gottes Volk oder ein christliches, heiliges Volk an dem heiligen Sakrament des Altars, wenn es recht nach Christi Einsetzung gereicht, geglaubt und empfangen wird … Wo du nun solches Sakrament siehst, in rechtem Brauch gereicht, da wisse gewiß, daß da Gottes Volk ist. Denn wie oben vom Wort gesagt ist: Wo Gottes Wort ist, da muß die Kirche sein, so gilt auch: Wo die Taufe und das [Altar]Sakrament sind, da muß Gottes Volk sein und umgekehrt.“[284] Nochmals: Das Sakrament des Abendmahls muss von der Kirche geschätzt werden, wie Christus es in der Bibel gelehrt hat.

## Kirchenzucht

„Viertens erkennt man das Gottesvolk oder die heiligen Christen an den Schlüsseln, die sie öffentlich gebrauchen, daß heißt, wie es Christus Matthäus 18 festsetzt: Wenn ein Christ sündigt, soll derselbe gestraft werden, und wenn er sich nicht bessert, soll er gebunden und verstoßen werden. Bessert er sich, so soll er losgesprochen werden.“[285] Für Luther übte die wahre Kirche Zucht an ihren Mitgliedern aus. Dieses Element der Überzeugungen Luthers wurde oft vernachlässigt, aber er war ganz und gar eindeutig in dieser Sache.

## Biblische Ämter

„Fünftens erkennt man die Kirche äußerlich daran, daß sie Kirchendiener weiht oder beruft oder Ämter hat, die sie bestellen soll.“[286] Luther erkannte, dass die Bibel Ämter in der Kirche begründete – nicht die sakramentale Kaste der Priester –, sondern die Diener, die treu das Wort predigten und die Sakramente verwalteten.

Luthers Fokus auf die Schlichtheit und Wichtigkeit der Gemeindeversammlung führte zu recht radikalen Ansichten, gemessen an seiner Zeit, insbesondere was seinen Glauben betraf, dass eine Gemeinde im Prinzip das Recht hat, ihre eigenen Diener zu bestimmen. Bereits 1523 hatte er eine Abhandlung mit dem Titel *Daß eine christliche Versammlung oder Gemeinde Recht und Macht habe, alle Lehre zu urteilen und Lehrer zu berufen, ein- und abzusetzen: Grund und Ursache aus der Schrift*[287] geschrieben. Der Dienst der Amtsträger ist kein geheimnisvolles System, das durch eine Hierarchie geschaffen und umgesetzt wurde, sondern entwickelte sich aus der Gemeinde heraus.

### Anbetung

„Sechstens erkennt man äußerlich das heilige, christliche Volk am Gebet und daran, daß es Gott lobt und ihm dankt. Denn wo du dies siehst und hörst, daß man das Vaterunser betet und beten lernt, auch Psalmen oder geistliche Lieder singt nach dem Wort Gottes und im rechten Glauben, außerdem den Glauben, die Zehn Gebote und die Katechismen öffentlich treibt, da wisse gewiß, daß da ein heiliges, christliches Volk Gottes ist."[288] Die Kirche war sichtbar in ihrem schlichten, wortzentrierten Gottesdienst.

### Leiden

„Siebentes erkennt man äußerlich das heilige christliche Volk an dem Heiligtum des heiligen Kreuzes, daß es alles Unglück und Verfolgung, allerlei Anfechtung und Übel (wie das Vaterunser betet) vom Teufel, von der Welt und vom Fleisch … leiden muß."[289] Da der Diener nicht größer als der Meister ist, wie Jesus gelehrt hatte, muss die Kirche leiden, während sie Christus treu dient.

Luther leitete diese sieben Punkte von der ersten Tafel der Zehn Gebote ab und erkannte, dass, obwohl diese Elemente niemals in Perfektion in der Kirche vorzufinden waren, sie dennoch wahrhaft vorhanden seien: „Dies sind die wahren sieben Hauptstücke der großen heiligen Besitztümer, wodurch der Heilige Geist in uns eine tägliche Heiligung und Belebung in Christus bewirkt, nach der ersten Tafel des Mose. Dadurch gehorchen wir, wenn auch niemals so vollkommen wie Christus. Aber wir streben beständig danach, das Ziel zu erreichen, unter seiner Erlösung und Vergebung der Sünde, bis auch wir eines Tages vollkommen heilig sind und nicht mehr länger der Vergebung bedürfen."[290]

Diese sieben Merkmale waren nur der Anfang dessen, was man über die Kirche sagen könnte. Luther sagte:

> Über die sieben Hauptstücke hinaus gibt es noch mehr äußerliche Zeichen, daran man die christliche Kirche erkennt; zum Beispiel daß uns der Heilige Geist auch nach der zweiten Tafel Mose heiligt … Wir brauchen den Dekalog nicht nur, um uns über unsere gesetzlichen Verpflichtungen zu informieren, sondern wir brauchen ihn auch, um herauszufinden, inwieweit der Heilige Geist mit seinem Werk der Heiligung in uns vorangeschritten ist und inwieweit wir das Ziel immer noch verfehlen, damit wir nicht sicher werden und uns vorstellen, dass wir nun alles Notwendige getan hätten. Deshalb müssen wir beständig in der Heiligung wachsen und allezeit neue Kreaturen in Christus werden![291]

In dieser Abhandlung lehrte Luther den positiven Nutzen des Gesetzes in einer klaren und erstaunlichen Art und Weise. Wie Luther 1539 schrieb, war er nicht nur darauf bedacht, das römische Verständnis der Kirche von sich zu weisen, sondern auch der Irrlehre des Antinomismus innerhalb seiner eigenen Reihen zu widerstehen. Er war gleichermaßen streng darin, sowohl den Antinomismus als auch den Papst zu verwerfen. Kraftvoll bekannte er, dass der Heilige Geist wahrhaftig Christi Volk heiligte:

> Aber die Christen sind ein besonderes, berufenes Volk und heißen nicht einfach Ecclesia, Kirche oder Volk, sondern *sancta catholica christiana*, das ist ein christliches, heiliges Volk, und das hat den Heiligen Geist, der sie täglich heiligt, nicht allein durch die Vergebung der Sünden, die Christus ihnen erworben hat (wie die Antinomer närrischerweise behaupten), sondern auch durch Abtun, Ausfegen und Abtöten der Sünden, wonach sie ein heiliges Volk heißen … Aber Ecclesia soll heißen das heilige, christliche Volk, nicht allein zu der Apostel Zeit, die nun längst tot sind, sondern bis an der Welt Ende, sodaß immerdar auf Erden am Leben sei ein christliches, heiliges Volk, in welchem Christus lebt, wirkt und regiert *per redemptionem*, durch Gnade und Vergebung der Sünden, und der Heilige Geist *per vivificationem et sanctificationem*, durch tägliches Ausfegen der Sünden und Erneuerung des Lebens, damit wir nicht in Sünden bleiben, sondern ein neues Leben führen können und sollen sein in allerlei guten Werken und nicht in alten bösen Werken – so, wie es die Zehn Gebote oder die zwei Tafeln des Mose fordern.[292]

Insbesondere wies er auf die Wichtigkeit der Zehn Gebote für das christliche Leben hin:

> Denn sie [die Antinomisten], indem sie die Zehn Gebote verwarfen und unfähig sind, diese zu verstehen, predigen viel über die Gnade Christi, dennoch stärken und beruhigen sie diejenigen, die in ihren Sünden verharren, indem sie ihnen sagen, dass sie die Sünde nicht fürchten und nicht von ihr erschreckt sein müssen, da diese alle durch Christus beseitigt wurden. Sie sehen es und dennoch lassen sie die Menschen in ihren öffentlichen Sünden gehen – ohne irgendeine Erneuerung oder Reformation ihres Lebens. Deshalb wird es ganz offensichtlich, dass sie wahrhaft darin versagen, den Glauben und Christus zu verstehen, und dadurch heben sie beides auf, wenn sie darüber predigen. Wie kann er leichtfertig über die Werke des Heiligen Geistes in der ersten Tafel sprechen – über Trost, Gnade, Vergebung der Sünden –, wenn er die Werke des Heiligen Geistes in der zweiten Tafel weder beachtet noch praktiziert, welche er verstehen und erfahren kann, während er niemals die der ersten Tafel praktiziert oder erfahren hat?[293]

Luthers Hingabe, was die Notwendigkeit der Heiligung im Leben der Christen angeht, war nicht etwas Neues angesichts der Kontroverse mit den Antinomisten. Zum Beispiel hatte er im Jahre 1522 deutlich über „echten und wahren Glauben“ gelehrt: „Es darf kein träger und schlafender Glaube oder nur ein Traum sein. Nein, es muss etwas Lebendiges und Aktives sein, sodass jemand sich ihm ganz widmet mit aller Zuversicht und sich am Wort anhängt, egal was passiert, damit wir vorwärtsdrängen mögen, durch Glück und Unglück."[294] Er schrieb ebenfalls: „Deshalb, weil der Herr Christus jetzt vollkommen dein durch den Glauben ist und du Erlösung und all seine Segnungen empfangen hast, musst du es hinfort dein Anliegen sein lassen, alle Schlechtigkeit abzuwerfen oder alles, was böse und arglistig ist."[295]

## Zusammenfassung

Während seines Lebens als Prediger und Reformator erkannte Luther, welche Versuchung es für die Christen war, von Christus, den Sakramenten und der Kirche müde zu werden und sich nach etwas Neuem umzusehen:

> Wir müssen immer etwas Neues haben, denn Christi Tod und Auferstehung, Glaube und Liebe sind alte und nur gewöhnliche Dinge; deshalb werden sie als nichts gerechnet, und so müssen wir neues Geschwätz haben (wie St. Paulus sagt). Und das dient uns recht, da es unseren Ohren so sehr nach neuen Dingen juckt, dass wir nicht länger bei der alten und echten Wahrheit bleiben können, „auf dass wir ansammeln", dass wir uns mit großen Haufen neuer Lehren erdrücken. Dass ist genau das, was passiert ist, und es wird fortwährend geschehen.[296]

Luther glaubte, dass der Teufel dieses Verlangen nach dem Neuen und Unbiblischen ausnutzte, um sein böses Königreich zu vergrößern. Luther drückte dies kräftig in diesen Begriffen aus: „Als der Teufel nun sah, dass Gott eine solch heilige Kirche baute, war er nicht müßig und errichtete daneben eine Kapelle, größer als Gottes Tempel … der Teufel ist immer Gottes Affe, der versucht, alle guten Dinge Gottes zu imitieren und sie zu verbessern."[297] In Luthers Tagen, so wie in unseren, war die Kirche immer von der Kapelle des Teufels überschattet, wurde aber niemals zerstört.

In der letzten Predigt, die er drei Tage vor seinem Tod hielt, beklagte Luther wieder, dass Menschen so sehr die gnädigen äußeren Mittel Gottes verachteten. Sie wollten immer noch etwas Spezielles und Aufregendes, wie etwa eine Pilgerfahrt oder eine heilige Reliquie. Aber er rief sie dazu auf, in der Schlichtheit und dem Überfluss von Gottes Vorsorge in Christus, seinen Sakramenten und seiner Kirche zu ruhen:

> Oh, Menschen sagen: „Was ist das [Predigen]? Letztendlich gibt es Predigten jeden Tag, oftmals viele Male jeden Tag, sodass wir dessen überdrüssig sind. Was haben wir davon?" In Ordnung, gehe weiter, lieber Bruder, wenn du nicht willst, dass Gott zu dir jeden Tag zu Hause, in deinem Haus und in deiner Pfarrgemeinde spricht, dann sei weise und schaue dich nach etwas anderem um: In Trier ist unser Herrgotts Mantel, in Aachen sind Josephs Hosen und die Unterkleider unserer gesegneten Frau; gehe dorthin und verschleudere dein Geld, kaufe Ablässe und Ramsch des Papstes aus zweiter Hand; dies sind wertvolle Dinge! Für diese Dinge musst du weit gehen und eine Menge Geld ausgeben; lasse Haus und Heim untätig zurück!
>
> Aber sind wir nicht dumm und verrückt, ja, verblendet und besessen vom Teufel? Dort sitzt dieser

Lockvogel in Rom mit seiner Tasche voller Tricks, ködert die ganze Welt mit ihrem Geld und ihrer Habe zu sich, alldieweil jeder zur Taufe, den Sakramenten und der Kanzel gehen kann! Wie hoch geehrt und wie reich gesegnet sind wir, zu wissen, dass Gott mit uns spricht und uns mit seinem Wort nährt, uns seine Taufe gibt, die Schlüssel [Absolution] usw.! Aber diese barbarischen, gottlosen Leute sagen: „Was? Taufe, Sakrament, Gottes Wort? – Josephs Hosen, das bringt wirklich etwas!" Es ist der Teufel in der Welt, der die hohen Persönlichkeiten, die Kaiser und Könige blind gegenüber diesen Dingen macht und sie dahin führt, sich so grob zu täuschen, sich durch diese erstklassigen Schurken und Lügner – den Papst und seine geschorenen Tonsuren – verführen und mit Schmutz bespritzen zu lassen. Aber wir sollten auf Gottes Wort hören, das uns sagt, dass er unser Schulmeister ist, und sollten nichts mit Josephs Hosen oder den Jongliertricks des Papstes zu schaffen haben.[298]

*Kapitel 6*

# LUTHER ÜBER DIE PREDIGT

DEREK W.H. THOMAS

„Die Reformation wäre ohne die Predigt nicht denkbar gewesen“, schrieb der Historiker Harold Grimm. Indem er über die Bedeutsamkeit der Predigt während der Periode der Reformation reflektiert, fährt Grimm fort: „Ungeachtet dessen, wie die Reformatoren ihre neuen theologischen Einsichten erlangten, so gebrauchten sie die Predigt, um ihre Lehren direkt zu ihren Nachfolgern in deren Volkssprache zu transportieren und um diese Lehren auf die unmittelbaren und praktischen religiösen Bedürfnisse der Menschen anzuwenden. Da die Kanzel eines der wichtigsten Kommunikationswege im 16. Jahrhundert war, kann die Rolle der Predigt bei der Durchführung der Reformation als eine Massenbewegung kaum überbewertet werden.“[299]

Luther hatte in jeder Hinsicht eine hohe Meinung von der Predigt und dem Predigen. „Wenn der Prediger spricht, spricht Gott“, schrieb er einst.[300] Indem er die schweizer Sichtweise reflektiert – ausformuliert in den 60er Jahren des 16. Jahrhunderts durch Heinrich Bullinger und andere in dem Zweiten Helvetischen Bekenntnis[301] –, hat Luther einiges denen zu sagen, die seine Sichtweise der Predigt nicht teilen: „Der Prediger muss also sicher sein, dass Gott durch seinen Mund spricht. Ansonsten wäre es für ihn an der Zeit, still zu sein."[302] Anderswo drückt es Luther so aus: „Die Apostel schrieben sehr wenig, aber sie sprachen viel ... Beachte: Es heißt, lass ihre Stimmen gehört werden, nicht, lass ihre Bücher gelesen werden. Der Dienst des Neuen Testaments ist nicht eingemeißelt auf tote Steintafeln; vielmehr erklingt es wie eine lebendige Stimme ... Durch ein lebendiges Wort vollbringt und erfüllt Gott sein Evangelium."[303]

Luthers hohe Meinung vom Predigen muss natürlich im Kontext der Reformation als einer Reformbewegung oder großen Veränderung – Veränderung sowohl des Inhalts als auch der Predigtweise – gesehen werden. In seiner umfangreichen siebenbändigen Analyse der Geschichte der Predigt kommentiert Hughes Oliphant Old: „Die klassische protestantische Reformation brachte eine eigene Schule von Predigten hervor. Sicherlich war es eine Predigt der Reformation, aber es war auch eine Reformation der Predigt."[304] Old weist darauf hin, dass die Reformation die herkömmliche Predigt nicht wieder einführte. Die mittelalterliche Kirche kannte sehr viele Predigten, aber „sie waren ein wenig wie die Kirchen, in denen sie gehalten wurden: extravagant und düster." Old fasst zusammen: „Was geschah, war, dass mit der Reformation eine erneute Konzentration der Predigt, eine Neubesinnung auf ihren Zweck und eine neue Wertschätzung ihres Verhältnisses zur Anbetung der Kirche einherging."[305]

Vermutlich sehen wir in Luther nicht zuerst den Prediger, sondern einen treuen Lehrer und Verteidiger der Lehre von der Rechtfertigung aus Glauben allein. Die Statistiken jedoch, die sich auf seinen lebenslangen Dienst als Prediger konzentrieren, offenbaren eine andere Perspektive. Bevor er seinen Doktor im Jahre 1512 erhielt, war Luthers Leben das eines Akademikers. Er war Professor für biblische Studien an der Universität von Wittenberg. Wie Gary Williams bemerkt: „Luther war niemals ein Pfarrer."[306] Deshalb überrascht es etwas, dass Luther so viel gepredigt hat.

Seit Johann von Staupitz ihn 1511 anwies, im Kloster zu predigen, hielt Luther über 4000 Predigten (ungefähr 2300 sind erhalten geblieben) während seines Lebens – die meisten von ihnen in der Stadtkirche zu Wittenberg. Wenn wir eine Lücke von zwei Jahren bei den Predigten einräumen, predigte Luther im Durchschnitt 120 mal pro Jahr oder eine Predigt alle drei Tage. 1528 predigte er 200 mal. In Wittenberg gab es jeden Sonntag drei Predigtdienste, der erste begann um 5 Uhr morgens. Zusätzlich gab es Predigten an Wochen- und Samstagen. Während der Passionszeit im Jahre 1529 z.B. predigte Luther achtzehn mal in elf Tagen.

Die Weimarer Ausgabe von Luthers Werken umfasst mittlerweile 127 Bände, von denen zweiundzwanzig Luthers Predigten in lateinischer oder deutscher Sprache enthalten. Der Aufnahmevorgang der Predigten (Stenografie durch verschiedene Schreiber) und der Übersetzungsprozess brachten es mit sich, dass einiges an Rhetorik und freilich der Sprachfluss des gesprochenen Wortes verloren gingen. Die Predigten lesen sich vermutlich weitaus förmlicher, als sie ursprünglich gehalten wurden. Die Leidenschaft ihres Vortrages mag auf der Strecke geblieben sein.

Neben seinen eigenen Predigten war Luther ebenfalls ernsthaft um die Bedürfnisse der Kirchen besorgt, die keine ausgebildeten Prediger nach seiner Vorstellung besaßen. Um dem zu begegnen, schrieb er einige Bücher (Postillen) für andere Prediger, damit sie diese predigen oder auch vorlesen könnten: „... auslegende Predigten für Kleriker, die keine eigenen Predigten schreiben können".[307]

Diese Predigten zu lesen (jene, die Luther hielt, und seine Postillen), können einen völlig falschen Eindruck hinterlassen. Normalerweise schrieben die Reformatoren ihre Predigten nicht aus, um sie dann vorzulesen. Luther betrat die Kanzel mit einem Konzept (eine kurze Gliederung, welche die „Hauptpunkte" der Predigt enthielt), das auf dem ausgewählten Text des Tages aufbaute. Da es kaum einen vergleichbaren Fall gab, bezeichneten seine Studenten dies als „die heroische Methode".[308] Sicherlich waren diese Predigten ausgearbeitet und durchdacht, aber ihre Darbietung war zeitgenössisch und unmittelbar, gesprochen in der Volkssprache. Anders als in Calvins Genf, wo ein Stenograf namens Denis Raguenier Wort für Wort aufschrieb, was Calvin in französisch sagte (indem er ein Stenografie-System entwickelte), wurden Luthers Predigten von verschiedenen Stenografen aufgezeichnet (die Anzahl der Stenografen variierte wahrscheinlich). Die Notizen teilweise in Deutsch und Latein wurden dann zusammengetragen und in Latein aufgeschrieben, um später ins Deutsche übersetzt zu werden. Ein Gefühl für den Sprachfluss zu bekommen ist deshalb eine schwierige Aufgabe. Aber einige Dinge sind klar ersichtlich, nicht zuletzt Luthers absolute Hingabe an die Autorität der Heiligen Schrift.

## Hingabe an die Autorität der Schrift

Die theologische Überzeugung, die Luther in den turbulenten Jahren zwischen 1512 und 1517 entwickelte und später standhaft beibehielt, beinhaltete seine Hingabe an die Autorität der Schrift. Für Luther bedeutete dies, die Rolle der kirchlichen Tradition, die päpstlichen Erlässe, das kanonische Kirchenrecht und die allegorische Auslegung der Schrift zu verleugnen.[309] Tatsächlich war dies eine Verpflichtung, die sich aus der „wörtlichen" Auslegung der Schrift ergab. Das bedeutete, dass man die Schrift gemäß der literarischen Gattung interpretierte – Geschichte als Geschichte, Gesetz als Gesetz, Gleichnis als Gleichnis usw. Da die ganze Schrift Gottes Wort ist – ohne Widersprüche, da die Schrift göttlichen Ursprungs ist –, betrachtete Luther die Predigt als etwas, das unter der Autorität der Schrift steht. Welches Recht hat überhaupt ein menschliches Wesen, einem anderen zu erklären, dass er sich an dieses oder jenes anpassen muss, losgelöst von göttlicher Autorität? Die einzige Rechtfertigung, solch eine Kontrolle über das Gewissen von Männern und Frauen auszuüben, besteht in einer göttlichen Autorität, die auf dem Wesen der Schrift als dem Wort Gottes basiert.

Luther hätte dem englischen calvinistischen Prediger und Theologen William Perkins zugestimmt, der ein halbes Jahrhundert nach Luthers Tod mit seinem Buch *Die Fähigkeit des prophetischen Redens* (1607) so etwas wie die erste Abhandlung über das Predigen verfasste und an einer Stelle schrieb: „Alleine das Wort Gottes soll in seiner Vollkommenheit und inneren Folgerichtigkeit gepredigt werden. Die Schrift ist das alleinige Thema der Predigt, das einzige Gebiet, auf welchem der Prediger arbeiten soll."[310]

Die vorrangige Aufgabe des Predigers ist es daher, die Schrift zu erklären und anzuwenden. Nicht alle Abschnitte der Schrift sind gleichermaßen leicht verständlich, und Luther erklärte seinen Studenten, dass der Exeget bzw. Prediger eine schwierige Schriftstelle nicht anders behandeln solle als Mose den Felsen in der Wüste, den er mit seinem Stab schlug, bis Wasser für das durstige Volk hervorkam.[311]

## Halte die Dinge einfach

Die bei weitem ausführlichste Analyse von Luthers Predigten finden wir in Fred Meusers wunderbaren Zusammenfassung *Luther the Preacher* (1983). Nach Meuser zu urteilen war Luther als Prediger beliebt. Er „sprach langsam, aber mit großer Vitalität und hatte oft einen ergreifenden Einfluss auf seine Zuhörer."[312] Aufgrund dessen, was wir von seinen Überzeugungen kennen, wäre es schwer, sich vorzustellen, dass Luthers Predigten langweilig waren und jeglicher rhetorischer Leidenschaft entbehrten. Es ist gleichermaßen schwer zu begreifen, dass Luther die Notwendigkeit verspürte, einige dafür zu tadeln, dass sie nicht gut zuhörten. Es wird gesagt, dass einige schläfrig wurden und andere sogar während der Predigt schnarchten. Hinzuzufügen wäre noch, dass sie jedes Mal husteten, wenn er über die Rechtfertigung predigte, nur um dann wieder aufzuwachen, wenn er eine Geschichte erzählte.[313] Die Zeiten scheinen sich nicht geändert zu haben. Die Reformatoren hatten deshalb allen Grund, ihre Predigten relativ einfach und direkt zu halten.

Diejenigen, die Luthers theologische Werke studiert haben, finden sich selbst in tiefen Wassern wieder. Luthers Theologie ist bestenfalls komplex.[314] Konzepte, wie seine Theologie vom Kreuz (*theologia crucis*), die Lehre von der Konsubstantiation und die exakte Unterscheidung zwischen Gesetz und Evangelium (machte Luther Fortschritte in seinem Verständnis vom dritten Gebrauch des Gesetzes, wie einige angenommen haben?) beschäftigen die Luther-Gelehrten noch heute. Ist es daher überraschend, dass Luthers Predigten im Wesentlichen schlicht und einfach waren? Sicherlich nicht. Nach Hughes Oliphant Old machte Luther „keinen Versuch, ein großer Redner zu sein". Old führt aus: „[Luther] besaß keine rhetorische

Bildung, wie Basilius, Chrysostomos oder Augustinus sie besaßen. Luther war ein beliebter Prediger mit einer natürlichen Beherrschung der Sprache. Er lehrte die Prediger der Reformation, in der Sprache des Volkes zu predigen."[315] Gary Williams zitiert eine ähnliche Aussage, die Luther in seinen *Tischreden* machte:

> Auf der Kanzel müssen wir die Brüste entblößen und die Menschen mit Milch nähren ... komplizierte Gedanken und Themen sollten wir im Privaten mit den Eierköpfen [*Klueglinge*] diskutieren. Ich denke in meinen Predigten nicht an Dr. Pomeranus, Jonas oder Philipp [Melanchthon]. Sie wissen mehr darüber als ich. Also predige ich auch nicht zu ihnen. Ich predige nur zu Hans und Elisabeth.[316]

Obwohl Luther in der klassischen Rhetorik aufgrund der Erweckung in der Renaissance-Bewegung im spätmittelalterlichen Europa unterrichtet war, so schien der Reformator doch bewusst die kunstvollen Allüren zu vermeiden, indem er an ihrer Stelle einen eher plauderhaften Stil anwandte.[317] Er missbilligte z.B. besonders den Gebrauch von Hebräisch auf der Kanzel. Obwohl er fähig war, sich sowohl auf Griechisch als auch Hebräisch zu unterhalten, mit der besten Gelehrsamkeit der Renaissance – eine Gelehrsamkeit, die darin triumphierte, wieder zurück zu den Ursprüngen der eigentlichen Bedeutung (*ad fontes*) gekehrt zu sein – verwendete Luther keine griechischen und hebräischen Begriffe in seinen Predigten. Williams zitiert Luthers säuerlichen Kommentar über Zwingli: „Wie hasse ich Leute, die so viele Sprachen mit sich herumschleppen, wie Zwingli es tut; er spricht

Griechisch und Hebräisch auf der Kanzel in Marburg."[318]

Trotz dieses Tadels war Luther fest entschlossen, die Ursprachen zu studieren, und drängte dazu, dass alle Prediger dieselbe Leidenschaft haben sollten:

> Obwohl der Glaube und das Evangelium durch einfache Prediger ohne Kenntnis der Ursprachen verkündigt werden kann, ist dieses Predigen flach und zahm, Menschen werden zuletzt davon müde und angewidert und es fällt auf den Boden. Aber wenn der Prediger in den Ursprachen versiert ist, dann besitzen seine Ausführungen Frische und Kraft, die ganze Schrift wird behandelt und der Glaube wird beständig erneuert, durch eine kontinuierliche Abwechslung von Worten und Werken.[319]

Bei einer anderen Gelegenheit war Luther sogar noch strenger in seinem Drängen, die Ursprachen zu gebrauchen:

> Es ist eine Sünde und Schande, unser eigenes Buch nicht zu kennen oder die Reden und Worte unseres Gottes nicht zu verstehen; es ist sogar eine noch größere Sünde und ein Verlust, dass wir die Sprachen nicht studieren, insbesondere in diesen Tagen, wo Gott uns Männer und Bücher und jede Erleichterung und jeden Anreiz zum Studium anbietet und schenkt und danach verlangt, dass seine Bibel ein offenes Buch sei. Oh, wie glücklich unsere geliebten Väter gewesen wären, wenn sie unsere Möglichkeit des Studiums der Sprachen gehabt hätten und somit vorbereitet zu der Heiligen Schrift hätten kommen können! Welche große Mühe und Arbeit kostete es sie, ein paar wenige

> Krumen aufzusammeln, während wir, mit der Hälfte der Mühe – ja, fast ohne überhaupt eine Mühe – das ganze Brot erwerben können! Oh, wie verkehren ihre Anstrengungen unsere Trägheit zur Schande![320]

Basierend auf dieser Aussage Luthers zieht John Piper die folgende Schlussfolgerung:

> Nun, das ist eine entmutigende Übertreibung gegenüber vielen Pastoren, die nie Griechisch oder Hebräisch gelernt oder es wieder vergessen haben. Was ich damit sagen will ist dies: Die Kenntnis der Sprachen macht einen hingebungsvollen Prediger zu einem besseren Prediger. Er wird frischer, glaubensstärker, zuversichtlicher und durchdringender. Aber es ist auch möglich, ohne sie glaubensvoll zu predigen – zumindest eine Zeit lang … Der Test, ob man dem Wort auch ohne die Sprachen treu dient, ist dieser: Kümmern wir uns wirklich um die Belange der Gemeinde Jesu Christi, dass die Sprachen bewahrt und weit verbreitet in den Gemeinden gelehrt werden, oder spielen wir deren Bedeutung herunter, weil wir uns selbst dadurch zu sehr herabsetzen?[321]

Luthers Beharren auf der Schlichtheit der Sprache ist zumindest teilweise ein Nebenprodukt des freien Vortragens seiner Predigten; seine Predigten waren improvisiert, anstatt, dass sie von einem Manuskript abgelesen wurden. Diese Tatsache alleine garantiert schon beinahe, dass die Sprache schlichter ist. Wenn ein komplexer Gedanke geäußert wird, so wird eine ausreichende Erklärung gegeben, um das Gesagte zu erhellen; Augenkontakt mit den Zuhörern offenbart oftmals, ob der Zuhörer es verstanden hat oder verwirrt ist (neben anderen Dingen). Ein verwirrter Blick eines Zuhörers oder ein klares Zeichen, dass niemand wirklich zuhört wird zu einem schlichten Gebrauch der Sprache drängen – indem ein Gedanke in unterschiedlichen Worten wiederholt wird, bis der Gedanke klar ist.

Vielleicht besteht einer der Wege, um Luthers Predigtstil zu begreifen, darin, sich einer seiner Predigtgliederungen anzuschauen. Eine Predigt über Lukas 21,25-36[322], gehalten nach der Schriftlesung für den Adventssonntag im Jahre 1522, zeigt z.B. folgende Gliederung:

1. Die Zeichen des Gerichtstages
   - a. Allgemein
     - I. Obwohl mannigfaltig und groß, schenkt die Welt diesen Zeichen keine Aufmerksamkeit
     - II. Ob einige die Zeichen erkennen werden, wenn sie kommen
   - b. Im Detail
     - I. Die erste Klasse dieser Zeichen
       1. In der säkularen Welt hat alles seinen Höhepunkt erreicht
       2. In der geistlichen hat alles seinen Höhepunkt erreicht, insbesondere die Abscheulichkeiten des Papsttums
     - II. Die zweite Klasse dieser Zeichen
       1. Die Verdunklung der Sonne
       2. Der Mond wird sein Licht nicht geben
       3. Das Fallen der Sterne
       4. Die Menschen auf Erden werden in Schmerzen und Verwirrung sein (weiter unterteilt)

- 5. Das Donnern des Meeres (weiter unterteilt)
- 6. Menschen fürchten sich vor Angst (weiter unterteilt)
- 7. Die Erschütterung der Kräfte des Himmels (weiter unterteilt)

III. Die dritte Klasse dieser Zeichen

2. Der Trost, den Christen haben, wenn diese Zeichen geschehen
   - a. Wie und warum dieser Trost allen wahren Christen gegeben wird
     - I. Warum Gläubige zu Gott für das Kommen des Gerichtstages beten
     - II. Was sollen wir über die denken, die den Gerichtstag fürchten
     - III. Der Gerichtstag wird von den Gläubigen aufs Höchste willkommen geheißen werden, aber die Gottlosen werden ihn aufs Höchste fürchten
     - IV. Was sollen wir denen antworten, die den Gerichtstag fürchten, da sie noch immer Sünden haben
     - V. Wer ist am besten für den Gerichtstag gerüstet
   - b. Die Natur dieses Trostes
   - c. Was bewegt Christen, diesen Trost zu vermitteln
   - d. Wie die schwarmgeistigen Prediger ihren Trost den armen Seelen vorenthalten
     - I. Wenige Menschen beten das Vaterunser richtig
     - II. Der richtige und falsche Gebrauch der Furcht vor dem Gerichtstag

In der gedruckten Form wurde die Predigt in achtundsechzig nummerierte Paragrafen eingeteilt, damit man sie einfacher lesen konnte. Die Gliederung sieht umständlich aus, aber tatsächlich ist die ganze Struktur ein auslegender

Kommentar zu dem Text, in vielerlei Hinsicht Calvins Predigten in Genf ähnlich. Wie viele von Calvins Predigten so wurden auch Luthers Predigten selten mit offensichtlichen Übergängen von einem Punkt zum nächsten gehalten oder in der Art einer typischen Drei-Punkte-Predigt. Tatsächlich ist die obige Gliederung im Predigttext nicht offensichtlich. Die Aufteilung in „Punkte" ist ein redaktionelles Aufzwingen auf die Predigt. Das ist vermutlich das geniale an einer Gliederung. Allzu oft stützt und unterstützt sie, hört sich andererseits aber fehl am Platz an und sieht so unpassend aus wie ein unfertiges Gebäude, das seine Stahlträger und die Säulen seines Mauerwerkes bloßlegt und somit künstlich den Fluss und das Gefühl der Unmittelbarkeit der Predigt stört. Dass solche gliedernden Stützen notwendig sind, leuchtet ein. Predigten, die keine Gliederung haben, führen nirgendwo hin und bewirken wenig. Aber möglicherweise können auch die traditionellen Predigten zu abhängig von solchen Mitteln sein. Z.B. können Drei-Punkte-Predigten mit cleveren (aber oftmals künstlichen) Alliterationen allzu einfach das architektonische Gedankengebäude auf Kosten der tieferen Ebene des Gewissens und der Neigungen ansprechen.

## Auslegende Predigten

Ein zentraler Aspekt der Renaissance war die Hingabe an das Studium der originalen Texte. Zu diesem Zweck erwies sich das Renaissance-Engagement hinsichtlich des *ad fontes*-Prinzips für die Reformatoren als eine wunderbare Ermutigung der Vorsehung, da sie nun den eigentlichen Text der Schrift studieren konnten, anstatt sich an moralischen und letztlich gesetzlichen Wutausbrüchen zu beteiligen. Die Bibel mit ihren eigenen Begriffen als das unfehlbare Wort

Gottes zu predigen, bedeutete, dass die Reformatoren sich weigerten, Predigten zu halten, die lediglich die Meinungen gelehrter Menschen beinhalteten; vielmehr wurde die Predigt zu einer Disziplin, in der man den inhaltlichen Sinn und die Anwendung der Schrift verkündigte. Darin bestand für Luther die Herrlichkeit der Predigt, dass dadurch das Wort Gottes verkündigt wurde. Die Verpflichtung zur auslegenden Predigt – in der Darlegung, was ein Text der Schrift gemäß einer Reihe von hermeneutischen Regeln (vor allem, dass die Schrift sich selbst interpretiert und sich selbst nicht widerspricht) aussagt – war eine notwendige logische Konsequenz des Verständnisses der Reformatoren, was die Bibel ist und wofür sie gegeben wurde.

Wenn heutige Prediger, nachdem sie der postmodernen Skepsis erlegen sind, als Prediger „ohne Autorität" karikiert werden können, dann steht Luther als Prediger für das Gegenteil. Der moderne Prediger hat nur allzu oft seine Zuversicht in die Autorität der Bibel als dem Wort Gottes verloren und hat nun nur noch wenig zu sagen und hat keine Autorität mehr, um es frei von Vorurteilen und persönlichen Überzeugungen zu verkünden. Die westliche Gesellschaft erkennt nicht länger die Autorität eines Geistlichen an, noch weniger die Autorität eines Predigers. Weitaus weniger erkennt unsere Gesellschaft die Autorität der Schrift an. In einer Welt des moralischen Relativismus stellen moderne Prediger das Recht jedes Verkündigers in Frage, einen monologischen Appell zu überbringen, der Buße erfordert und auf einen exklusiven Erretter hinweist, der alleine retten kann. Luther kannte solche Beschränkungen nicht. Die Freiheit und Überzeugung, die er als Prediger kannte, beruhte auf einer nicht hinterfragbaren Verpflichtung gegenüber der bindenden Natur der Autorität der Schrift. Meuser zitiert diesbezüglich Luther:

> Einige Pastoren und Prediger sind faul und nicht gut. Sie beten nicht, sie studieren nicht, sie lesen nicht, sie suchen die Schrift nicht auf … Die Berufung besteht darin: wachen, studieren, sich dem Lesen widmen … Du kannst nicht zu viel in der Schrift lesen – was du liest, kannst du nicht zu aufmerksam lesen, was du aufmerksam liest, kannst du nicht zu gut verstehen … was du gut verstehst, kannst du nicht zu gut lehren, was du gut lehrst, kannst du nicht zu gut leben … Deshalb, liebe … Pastoren und Prediger, betet, lest, studiert, seid fleißig … Diese böse, schändliche Zeit ist kein Grund, faul zu sein und zu schlafen und zu schnarchen.[323]

Auslegendes Predigen – dem Text zu erlauben, den Inhalt zu beherrschen und die Predigt zu formen – beinhaltet nicht notwendigerweise eine Verpflichtung zur *lectio continua* (fortlaufendes Predigen festgelegter Evangelienperikopen und Episteln durch das Kirchenjahr). Luther übernahm Letzteres, indem er beinahe zweihundert Predigten über das Johannesevangelium an Samstagen predigte, während der Wittenberger Stadtpfarrer Johannes Bugenhagen von Pommern (Luther nannte ihn Dr. Pomeranus) in Dänemark war. Dies waren Vers-für-Vers-Auslegungen des Textes des Evangeliums, wobei manchmal nur einige Verse behandelt wurden.

Luther hielt jedoch ebenfalls Katechismuspredigten wie auch Predigten über einzelne Textabschnitte. Erstere behandelten wesentliche Lehrpunkte (insbesondere das Apostolische Glaubensbekenntnis) und Letztere befassten sich mit der Textlesung für den jeweiligen Tag.

Katechismuspredigten wurden mit der Reformation wieder eingeführt, indem man eine ähnliche Praxis aus dem vierten Jahrhundert aufgriff, größtenteil, um diejenigen zu unterrichten, die kurz davor standen, eine heilige Verpflichtung des öffentlichen Bekenntnisses vor der Kirche einzugehen.[324] Luthers Katechismuspredigten aus dem Jahr 1528 sind z.B. die ersten in einer solchen Reihe aus der Reformationszeit, die für uns aufgezeichnet sind. Sie beinhalten zehn Auslegungen an Wochentagen über einen Zeitraum von zwei Wochen. Diese Predigten lieferten die Grundlage für Luthers Kleinen und Großen Katechismus von 1529. Die Predigten beinhalteten Auslegungen der Zehn Gebote, das Vaterunser, das Apostolische Glaubensbekenntnis sowie Erklärungen zur Taufe und dem Abendmahl. Fünf Predigten widmeten sich den Zehn Geboten, während nur eine das Apostolische Glaubensbekenntnis behandelte.[325] Angesichts der (falschen) Anschuldigungen des Antinomismus, deren Luther manchmal aufgrund seines Verständnisses von der Stellung des Moralgesetzes bezichtigt wurde, scheint diese Predigtreihe genau das Gegenteil zu belegen. Tatsächlich wurden diese Predigten jedoch in einem sehr speziellen Kontext gehalten und (was vielleicht von noch größerer Bedeutung ist) nicht während des Sonntagsgottesdienstes, da es dann angemessener war, die Schrift auszulegen, anstatt einzelne Lehrpunkte zu erörtern.

## Entmutigungen im Predigtdienst

Der hohe Maßstab, den Luther sowohl an seinen eigenen Predigtdienst als auch an den anderer anlegte, lässt einen nicht verwundern, dass er anfällig für Entmutigungen war. Insbesondere 1530 war er niedergeschlagen aufgrund dessen, was er als unzureichend bei seiner Gemeinde empfand. 1528 warnte er die Gemeinde der Schlosskirche, dass er aufhören würde zu predigen, wenn er nicht mehr Früchte des

Evangeliums sähe. Im Jahre 1530 predigte Luther zwischen Januar und September lediglich dreimal, wobei zwei dieser Predigten auf dem ausdrücklichen Befehl des Fürsten beruhten. Indem er eine Übertreibung gebrauchte, erklärte er, dass, wenn er im Voraus gewusst hätte, was für eine miserable Berufung das Predigen ist, ihn keine vierundzwanzig Pferde dazu hätten bewegen können. Das Predigen, so sagte er, war harte Arbeit, „ein verdorbenes Amt, dessen Misere von solcherlei Art ist, dass eine Person lieber ein Schweinehirt sei!"[326] In seiner Neujahrspredigt vom Jahre 1530 beschwerte er sich bitterlich über die Selbstsüchtigkeit der Gemeinde. Kurze Zeit später sagte er, dass er lieber den verrückten Hunden als zu seiner Gemeinde predigen wollte und dass er sich von da an auf den Klassenunterricht beschränken würde. Dieser düstere Luther lebte nach einem Aufenthalt in Coburg wieder auf und plötzlich ohne irgendeine Entschuldigung oder Erklärung begann er im September 1530 wieder zu predigen. Im folgenden Jahr war er wieder bei den gewöhnlichen 180 Predigten pro Jahr.

Luther glaubte, dass das Predigen ein wesentlicher Bestandteil seiner Berufung als Reformator war und wenn es diese Berufung nicht gäbe, so sagte er in einer Predigt[327]: „Ich wollte keine weitere Predigt mehr halten bis zum Ende meiner Tage." Trotz der Bedenken, die er oftmals hegte und zum Ausdruck brachte, ob das Predigen wirksam ist, fuhr Luther fort zu predigen. In derselben Predigt drückte Luther sich selbst so aus:

> Gott sagt: „Du musst das tun, ungeachtet der Konsequenzen für dich, du musst in deinem Amt bleiben." Wenn du im Dienst stehst und siehst, dass du Schlingel und Schurken, Unzüchtige und

> Ehebrecher und Räuber in deinem Pfarrbezirk hast, dann musst du sagen: „Weil diese meine Pflicht ist, werde ich die Sünden der Bauern, Bürger und Adligen ansprechen und sie dafür zurechtweisen ohne Rücksicht auf ihre Beschwerden, wenn sie sagen: ‚Siehe hier, du diffamierst mich!'" Denn wenn ich mich selbst zurückhalten würde, dann würde ich mich selbst eurer Sünde schuldig machen. Und warum sollte ich für euch zur Hölle gehen? Sie mögen erwidern: „Nun, ich bitte dich nicht darum, dies zu tun; ich bedränge dich nicht." Ja, dass mag wahr sein ... Wenn ich Ehebruch sehe oder andere Sünden bei den Leuten und es versäume, den Sünder darauf hinzuweisen, wird Gott ihre Sünden bei mir suchen ... Hältst du das für eine gute evangelische Predigt, wenn ich schweige und dich einfach weitermachen lasse, wie es dir beliebt?[328]

Luther war ein direkter Prediger, der auf eine Anzahl rhetorischer Fragen zurückgriff, die sowohl die Motivation als auch das Gehirn seiner Zuhörer anregen sollten. Aber am allermeisten war es das Evangelium von Jesus Christus, das ihn und seine Predigten beschäftigte. Es ist heute unmöglich, seine Predigten zu lesen, ohne einen Mann zu hören, der Christus liebte, die Wahrheit des Evangeliums verstanden und die Bedeutung für die Zuhörer im Blick hatte. Er ebnete den Weg für die Wichtigkeit der Predigt als ein ausgeprägtes Kennzeichen der Reformation.

Wenn wir in unseren Tagen eine Reformation sehen wollen, dann müssen wir mit derselben Überzeugung und dem Eifer eines Martin Luthers predigen. Wir müssen der Bibel vertrauen, durch die Kraft des Heiligen Geistes das zu tun, was wir nicht tun können – tote Herzen aufzuwecken und Leben zu erneuern.

*Reflexion*

# LUTHER UND DAS LEBEN EINES PASTORALEN THEOLOGEN

R.C. SPROUL

Augustinus … Anselm … Athanasius … Martin Luther … Johannes Calvin … Jonathan Edwards. Dies sind einige der Titanen und wahren Giganten der Kirchengeschichte. Jeder hatte seine eigene Persönlichkeit, seinen eigenen Schwerpunkt, seine eigene Berufung. Sie unterschieden sich in der Persönlichkeit, im Stil und sogar in einigen Lehrpunkten. Dennoch gibt es einen Punkt, den sie alle teilen. Sie waren alle Gelehrte und Pastoren. Alle waren Akademiker von Weltklasse, die zur selben Zeit der Kirche als Pastoren dienten.

Es ist keine Schande, ein Vollzeit-Gelehrter zu sein, der ausschließlich an der Hochschule arbeitet. Solch eine Arbeit kann ein enormer Segen für die Kirche sein. Solide Forschungen tragen wertvolles Wissen zu unserem Verständnis der Schrift und der Dinge Gottes bei. Für viele Gelehrte jedoch ist es eine Entweder-oder-Situation. Entweder verbringen wir unsere Zeit ausschließlich im Elfenbeinturm oder wir widmen unsere Kräfte völlig der pastoralen Arbeit in der Kirche. Selten gibt es solche, die sowohl Gelehrte als auch Pastoren sind.

Als junger Student am Seminar durchdachte ich die schreckliche Situation der Kirche in den Vereinigten Staaten. Der Einfluss des Liberalismus umfasste einen Großteil der Kirchen mit eisernem Griff. Ein Ausweg aus dieser Misere erschien hoffnungslos. Als ich die Schriften und Werke der oben genannten großen Lehrer studierte, erkannte ich ein Muster, insbesondere im Dienst von Luther, Calvin und Edwards. Ich sah, dass diese Männer „Theologen des Schlachtfeldes" waren. Sie befassten sich nicht nur mit den Gelehrten der Opposition, wie Luther gegen Rom und Erasmus von Rotterdam oder Calvin gegen Pighius u.a., oder Edwards gegen die Unitarier und Arminianer seiner Tage, sondern sie alle brachten diese Angelegenheiten zu den Menschen. Diesbezüglich folgten sie den Fußspuren der zwei größten Theologen, die jemals auf dieser Erde wandelten: dem Apostel Paulus und dem Herr Jesus Christus selbst.

Dies erkannte ich als eine Strategie, die Gott in seiner Vorsehung im Verlauf der Zeiten gebraucht hatte, um seine Kirche zu nähren, zu schützen und zu verteidigen. Es war die Strategie, die ich als meine eigene annehmen wollte. John Piper sagte, dass es für Christen notwendig ist, die Wahrheit nicht nur zu glauben, sondern auch zu verteidigen und schließlich für die Wahrheit zu streiten. Für Paulus begann das Schlachtfeld auf dem öffentlichen Marktplatz und erstreckte sich dann bis zu den Enden der Erde.

Wenn wir uns die Themen in Erinnerung rufen, die sich zu den größten theologischen Konflikten in der Geschichte der Christenheit entwickelten, die Debatten, die im 16. Jahrhundert aufkamen, dann sehen wir, dass diese Themen ursprünglich einer tiefen pastoralen Sorge entsprangen.

Sicherlich wurden die 95 Thesen, die an die Kirchentür zu Wittenberg geschlagen wurden, in Latein verfasst, als eine Bitte für eine theologische Diskussion unter den Fakultätsmitarbeitern der Universität. Aber was veranlasste Luther, eine solche Diskussion zu erbitten? Einfach gesagt war es eine pastorale Besorgnis.

Luther erhielt Ablassbriefe, die von Johann Tetzel verkauft wurden, der sowohl für Rom als auch für die Interessen des Fugger-Bankenclans arbeitete. Tetzels Reisen für die Ablässe hatten den Charakter eines Zirkus und zogen Tausende von Menschen an. Reich an Provisionen und Prämien behauptete Tetzel, dass er mehr Seelen durch die Ablässe errettet habe, als der Heilige Petrus durch das Evangelium.[329]

Tetzel arbeitete außerhalb von Wittenberg. Der Verkauf der Ablässe wurde so beliebt, dass Scharen von Menschen aus Wittenberg (eingeschlossen viele aus Luthers eigener Gemeinde) sich den Massen anschlossen, welche die Elbe überquerten, um für sich selbst die neu erhältlichen Ablässe zu erwerben. Uneinsichtige Mitglieder seiner Gemeinde zeigten verwegen ihre Ablassbriefe ihren Nachbarn und sogar ihrem Pastor.

Diese Karikatur der falschen Vergebung veranlasste Luther, nicht nur die Ablässe an sich infrage zu stellen, sondern das gesamte Heilssystem der Kirche, inklusive des Schatzes der Verdienste selbst. Daher waren die 95 Thesen für eine Handvoll Gelehrter gedacht. Seine Studenten nahmen sich jedoch, ohne Luthers Wissen oder Zustimmung, der Sache an und übersetzten sie ins Deutsche, verteilten sie innerhalb von zwei Wochen in jeder Stadt und auf jedem Marktplatz in Deutschland. Die Reformation war von nun an im Gange.

Eines der wichtigsten anhaltenden Anliegen Luthers als Pastor war es, seine Gemeinde von den Ketten des

Aberglaubens zu befreien. Als die Menschen anfingen, das römisch-katholische System zu verlassen, entfernten sie nicht alle früheren Überzeugungen aus ihrem Leben. Dies traf insbesondere auf die Reliquien zu.

Die Stadt Wittenberg brüstete sich damit, einige der größten Reliquiensammlungen in Deutschland zu besitzen, angehäuft von Luthers Schirmherr, Friedrich dem Weisen, dem Kurfürsten von Sachsen. Friedrich hatte ein Vermögen dafür ausgegeben, wertvolle Reliquien aus der ganzen Welt zu sammeln, in der Hoffnung, dass es Wittenberg zu einem Mekka für christliche Pilger machen würde, um auf diese Weise die Stadt zu einem geistlichen und kommerziellen Zentrum in Deutschland werden zu lassen. Von 1509 bis 1518 war Friedrichs Sammlung auf 17443 Reliquien angewachsen, mit einem Ablasswert von 127799 Jahren und 116 Tagen Erlösung im Fegefeuer.[330]

Luther riskierte den Zorn Friedrichs, indem er den Nutzwert dieser Reliquien herausforderte. In der letzten Predigt, die Luther vor seinem Tod hielt, führte er die Ohnmacht der Reliquien im Kontrast zu der Kraft des Evangeliums aus:

> Letztendlich gibt es Predigten jeden Tag, oftmals viele Male jeden Tag, sodass wir dessen überdrüssig sind. Was haben wir davon? In Ordnung, gehe weiter, lieber Bruder, wenn du nicht willst, dass Gott zu dir jeden Tag zu Hause, in deinem Haus und in deiner Pfarrgemeinde spricht, dann sei klug und schaue dich nach etwas anderem um: In Trier ist unser Herrgotts Mantel, in Aachen sind Josephs Hosen und die Unterkleider unserer gesegneten Frau; gehe dorthin und verschleudere dein Geld, kaufe Ablässe und Ramsch des Papstes aus zweiter Hand.[331]

Luther wollte, dass seine Leute mit dem Evangelium versorgt wurden und nicht mit dem Ramsch des Papstes aus zweiter Hand. Als Pastor war Luther darum besorgt, den Seelen seiner Leute zu dienen. Er diente ihrem Kummer in dieser Welt. Er verstand die Schmerzen des Verlustes eines lieben Menschen, da seine eigene Seele durch den Tod seiner jungen Tochter verwundet war. Er trug die körperlichen Schmerzen einer Vielzahl von Krankheiten an seinem eigenen Körper und konnte deshalb Mitgefühl für die körperlichen Leiden anderer ausdrücken.

Aber Luthers Hauptanliegen als Pastor war es, dass seine Leute Christus und sein Evangelium kennen würden. Zu diesem Zweck eignete er sich eine tiefe Praxis des Fürbittgebetes an. Er sagte:

> Öffne deine Augen und schau in dein Leben und in das Leben aller Christen, insbesondere betrachte den geistlichen Zustand und du wirst sehen, dass Glaube, Hoffnung, Liebe … am verschmachten sind … Dann wirst du sehen, dass es eine Notwendigkeit zu beten gibt, überall in der Welt, zu jeder Stunde, ohne Unterlass, mit Tränen von Blut.[332]

Luthers pastorales Herz wird nicht nur aus seinen Gebeten ersichtlich, sondern insbesondere in seinen Predigten. Er war ein Doktor der Kirche, ein Professor und ein Akademiker. In seiner Rolle als Professor war es seine vorrangige Aufgabe, zu lehren. Es gibt einen klaren Unterschied zwischen dem Lehren und Predigen. Der Lehrer unterweist; er vermittelt seinen Schülern Informationen. Aber ein Theologe und Prediger kann niemals die beiden Rollen eines Lehrers und Predigers trennen. Die großen Lehrer/Prediger der Geschichte lehrten nie rein als isolierte Zuschauer der Vergangenheit. Sie kombinierten Ermahnung mit Anweisung – Inspiration mit Unterricht. Mit einem Wort: Zuweilen wandelte sich ihre Lehre in eine Predigt. In gleicher Weise vermischte der Gelehrte und Pastor seine Lehre mit Predigten.

Luther spiegelte diese Methode des Predigens wider. Er war sowohl darum bedacht, seiner Gemeinde Informationen zu vermitteln als auch sie zu ermahnen. Er bestand darauf, dass seine Botschaften so klar und einfach sein sollten, dass selbst Ungelehrte ihn verstehen konnten. Er sagte:

> Unendlich und unaussprechlich ist die Majestät des Wortes Gottes … Diese Worte Gottes sind nicht Worte von Plato oder Aristoteles, sondern Gott selbst spricht. Und diejenigen Prediger, die sehr klar und deutlich, ohne geziertes Gebaren oder ohne Zweideutigkeiten predigen, sind am besten dazu geeignet, zu den einfachen und jungen Leuten zu predigen – wie auch Christus die Menschen durch schlichte Gleichnisse lehrte.[333]

Das Evangelium, das Evangelium … alles für das Evangelium. Dies ist die Liebe, die Aufgabe, die Berufung all derer, welche die Robe der Theologen und den Talar der Prediger getragen haben. Luther war komfortabel in beiden gekleidet.

*Anhang*

# DIE 95 THESEN

## DISPUTATION ÜBER DIE KRAFT UND WIRKSAMKEIT DER ABLÄSSE

### *31. Oktober 1517*

Aus Liebe zur Wahrheit und in dem Bestreben, diese zu ergründen, soll in Wittenberg unter dem Vorsitz des ehrwürdigen Vaters Martin Luther, Magisters der freien Künste und der heiligen Theologie sowie deren ordentlicher Professor daselbst, über die folgenden Sätze disputiert werden. Deshalb bittet er die, die nicht anwesend sein und mündlich mit uns debattieren können, dieses in Abwesenheit schriftlich zu tun. Im Namen unseres Herrn Jesu Christi, Amen.

1. Da unser Herr und Meister Jesus Christus spricht „Tut Buße“ usw. (Matth. 4,17), hat er gewollt, daß das ganze Leben der Gläubigen Buße sein soll.
2. Dieses Wort kann nicht von der Buße als Sakrament – d.h. von der Beichte und Genugtuung -, die durch das priesterliche Amt verwaltet wird, verstanden werden.
3. Es bezieht sich nicht nur auf eine innere Buße, ja eine

solche wäre gar keine, wenn sie nicht nach außen mancherlei Werke zur Abtötung des Fleisches bewirkte.

4. Daher bleibt die Strafe, solange der Haß gegen sich selbst – das ist die wahre Herzensbuße – bestehen bleibt, also bis zum Eingang ins Himmelreich.
5. Der Papst will und kann keine Strafen erlassen, außer solchen, die er auf Grund seiner eigenen Entscheidung oder der der kirchlichen Satzungen auferlegt hat.
6. Der Papst kann eine Schuld nur dadurch erlassen, daß er sie als von Gott erlassen erklärt und bezeugt, natürlich kann er sie in den ihm vorbehaltenen Fällen erlassen; wollte man das geringachten, bliebe die Schuld ganz und gar bestehen.
7. Gott überlässt überhaupt keinem die Schuld, ohne ihn zugleich demütig in allem dem Priester, seinem Stellvertreter, zu unterwerfen.
8. Die kirchlichen Bestimmungen über die Buße sind nur für die Lebenden verbindlich, den Sterbenden darf demgemäß nichts auferlegt werden.
9. Daher handelt der Heilige Geist, der durch den Papst wirkt, uns gegenüber gut, wenn er in seinen Erlassen immer den Fall des Todes und der höchsten Not ausnimmt.
10. Unwissend und schlecht handeln diejenigen Priester, die den Sterbenden kirchliche Bußen für das Fegefeuer aufsparen.
11. Die Meinung, daß eine kirchliche Bußstrafe in eine Fegefeuerstrafe umgewandelt werden könne, ist ein Unkraut, das offenbar gesät worden ist, während die Bischöfe schliefen.

12. Früher wurden die kirchlichen Bußstrafen nicht nach, sondern vor der Absolution auferlegt, gleichsam als Prüfstein für die Aufrichtigkeit der Reue.
13. Die Sterbenden werden durch den Tod von allem gelöst, und für die kirchlichen Satzungen sind sie schon tot, weil sie von Rechts wegen davon befreit sind.
14. Ist die Haltung eines Sterbenden und die Liebe (Gott gegenüber) unvollkommen, so bringt ihm das notwendig große Furcht, und diese ist um so größer, je geringer jene ist.
15. Diese Furcht und dieser Schrecken genügen für sich allein – um von anderem zu schweigen -, die Pein des Fegefeuers auszumachen; denn sie kommen dem Grauen der Verzweiflung ganz nahe.
16. Es scheinen sich demnach Hölle, Fegefeuer und Himmel in der gleichen Weise zu unterscheiden wie Verzweiflung, annähernde Verzweiflung und Sicherheit.
17. Offenbar haben die Seelen im Fegefeuer die Mehrung der Liebe genauso nötig wie eine Minderung des Grauens.
18. Offenbar ist es auch weder durch Vernunft – noch Schriftgründe erwiesen, daß sie sich außerhalb des Zustandes befinden, in dem sie Verdienste erwerben können oder in dem die Liebe zunehmen kann.
19. Offenbar ist auch dieses nicht erwiesen, daß sie – wenigstens nicht alle – ihrer Seligkeit sicher und gewiß sind, wenngleich wir ihrer völlig sicher sind.
20. Daher meint der Papst mit dem vollkommenen Erlaß aller Strafen nicht einfach den Erlaß sämtlicher Strafen, sondern nur derjenigen, die er selbst auferlegt hat.
21. Deshalb irren jene Ablaßprediger, die sagen, daß durch

die Ablässe des Papstes der Mensch von jeder Strafe frei und los werde.

22. Vielmehr erläßt er den Seelen im Fegefeuer keine einzige Strafe, die sie nach den kirchlichen Satzungen in diesem Leben hätten abbüßen müssen.

23. Wenn überhaupt irgendwem irgendein Erlaß aller Strafen gewährt werden kann, dann gewiß allein den Vollkommensten, das heißt aber, ganz wenigen.

24. Deswegen wird zwangsläufig ein Großteil des Volkes durch jenes in Bausch und Bogen und großsprecherisch gegebene Versprechen des Straferlasses getäuscht.

25. Die gleiche Macht, die der Papst bezüglich des Fegefeuers im allgemeinen hat, besitzt jeder Bischof und jeder Seelsorger in seinem Bistum bzw. seinem Pfarrbezirk im besonderen.

26. Der Papst handelt sehr richtig, den Seelen (im Fegefeuer) die Vergebung nicht auf Grund seiner – ihm dafür nicht zur Verfügung stehenden – Schlüsselgewalt, sondern auf dem Wege der Fürbitte zuzuwenden.

27. Menschenlehre verkündigen die, die sagen, daß die Seele (aus dem Fegefeuer emporfliege, sobald das Geld im Kasten klingt.

28. Gewiß, sobald das Geld im Kasten klingt, können Gewinn und Habgier wachsen, aber die Fürbitte der Kirche steht allein auf dem Willen Gottes.

29. Wer weiß denn, ob alle Seelen im Fegefeuer losgekauft werden wollen, wie es beispielsweise beim heiligen Severin und Paschalis nicht der Fall gewesen sein soll.

30. Keiner ist der Echtheit seiner Reue gewiß, viel weniger, ob er völligen Erlaß (der Sündenstrafe) erlangt hat.

31. So selten einer in rechter Weise Buße tut, so selten kauft einer in der rechten Weise Ablaß, nämlich außerordentlich selten.
32. Wer glaubt, durch einen Ablaßbrief seines Heils gewiß sein zu können, wird auf ewig mit seinen Lehrmeistern verdammt werden.
33. Nicht genug kann man sich vor denen hüten, die den Ablaß des Papstes jene unschätzbare Gabe Gottes nennen, durch die der Mensch mit Gott versöhnt werde.
34. Jene Ablaßgnaden beziehen sich nämlich nur auf die von Menschen festgesetzten Strafen der sakramentalen Genugtuung.
35. Nicht christlich predigen die, die lehren, daß für die, die Seelen (aus dem Fegefeuer) loskaufen oder Beichtbriefe erwerben, Reue nicht nötig sei.
36. Jeder Christ, der wirklich bereut, hat Anspruch auf völligen Erlaß von Strafe und Schuld, auch ohne Ablaßbrief.
37. Jeder wahre Christ, sei er lebendig oder tot, hat Anteil an allen Gütern Christi und der Kirche, von Gott ihm auch ohne Ablaßbrief gegeben.
38. Doch dürfen der Erlaß und der Anteil (an den genannten Gütern), die der Papst vermittelt, keineswegs geringgeachtet werden, weil sie – wie ich schon sagte – die Erklärung der göttlichen Vergebung darstellen.
39. Auch den gelehrtesten Theologen dürfte es sehr schwerfallen, vor dem Volk zugleich die Fülle der Ablässe und die Aufrichtigkeit der Reue zu rühmen.
40. Aufrichtige Reue begehrt und liebt die Strafe. Die Fülle der Ablässe aber macht gleichgültig und lehrt sie hassen, wenigstens legt sie das nahe.

41. Nur mit Vorsicht darf der apostolische Ablaß gepredigt werden, damit das Volk nicht fälschlicherweise meint, er sei anderen guten Werken der Liebe vorzuziehen.
42. Man soll Christen lehren: Die Meinung des Papstes ist es nicht, daß der Erwerb von Ablaß in irgendeiner Weise mit Werken der Barmherzigkeit zu vergleichen sei.
43. Man soll den Christen lehren: Dem Armen zu geben oder dem Bedürftigen zu leihen ist besser, als Ablaß zu kaufen.
44. Denn durch ein Werk der Liebe wächst die Liebe und wird der Mensch besser, aber durch Ablaß wird er nicht besser, sondern nur teilweise von der Strafe befreit.
45. Man soll die Christen lehren: Wer einen Bedürftigen sieht, ihn übergeht und statt dessen für den Ablaß gibt, kauft nicht den Ablaß des Papstes, sondern handelt sich den Zorn Gottes ein.
46. Man soll die Christen lehren: Die, die nicht im Überfluß leben, sollen das Lebensnotwendige für ihr Hauswesen behalten und keinesfalls für den Ablaß verschwenden.
47. Man soll die Christen lehren: Der Kauf von Ablaß ist eine freiwillige Angelegenheit, nicht geboten.
48. Man soll die Christen lehren: Der Papst hat bei der Erteilung von Ablaß ein für ihn dargebrachtes Gebet nötiger und wünscht es deshalb auch mehr als zur Verfügung gestelltes Geld.
49. Man soll die Christen lehren: Der Ablaß des Papstes ist nützlich, wenn man nicht sein Vertrauen darauf setzt, aber sehr schädlich, falls man darüber die Furcht Gottes fahrenläßt.
50. Man soll die Christen lehren: Wenn der Papst die Erpressungsmethoden der Ablaßprediger wüßte, sähe er lieber

die Peterskirche in Asche sinken, als daß sie mit Haut, Fleisch und Knochen seiner Schafe erbaut würde.

51. Man soll die Christen lehren: Der Papst wäre, wie es seine Pflicht ist, bereit – wenn nötig -, die Peterskirche zu verkaufen, um von seinem Gelde einen großen Teil jener zu geben, denen gewisse Ablaßprediger das Geld aus der Tasche holen.

52. Auf Grund eines Ablaßbriefes das Heil zu erwarten ist eitel, auch wenn der (Ablaß)Komissar, ja der Papst selbst ihre Seelen dafür verpfändeten.

53. Die anordnen, daß um der Ablaßpredigt willen das Wort Gottes in den umliegenden Kirchen völlig zum Schweigen komme, sind Feinde Christi und des Papstes.

54. Dem Wort Gottes geschieht Unrecht, wenn in ein und derselben Predigt auf den Ablaß die gleiche oder längere Zeit verwendet wird als für jenes.

55. Die Meinung des Papstes ist unbedingt die: Wenn der Ablaß – als das Geringste – mit einer Glocke, einer Prozession und einem Gottesdienst gefeiert wird, sollte das Evangelium – als das Höchste – mit hundert Glocken, hundert Prozessionen und hundert Gottesdiensten gepredigt werden.

56. Der Schatz der Kirche, aus dem der Papst den Ablaß austeilt, ist bei dem Volke Christi weder genügend genannt noch bekannt.

57. Offenbar besteht er nicht in zeitlichen Gütern, denn die würden viele von den Predigern nicht so leicht mit vollen Händen austeilen, sondern bloß sammeln.

58. Er besteht aber auch nicht aus den Verdiensten Christi und der Heiligen, weil diese dauernd ohne den Papst Gnade für den inwendigen Menschen sowie Kreuz, Tod und Hölle für den äußeren bewirken.

59. Der heilige Laurentius hat gesagt, daß der Schatz der Kirche ihre Armen seine, aber die Verwendung dieses Begriffes entsprach der Auffassung seiner Zeit.

60. Wohlbegründet sagen wir, daß die Schlüssel der Kirche – die ihr durch das Verdienst Christi geschenkt sind – jenen Schatz darstellen.

61. Selbstverständlich genügt die Gewalt des Papstes allein zum Erlaß von Strafen und zur Vergebung in besondern, ihm vorbehaltenen Fällen.

62. Der wahre Schatz der Kirche ist das allerheiligste Evangelium, von der Herrlichkeit und Gnade Gottes.

63. Dieser ist zu Recht allgemein verhaßt, weil er aus Ersten Letzte macht.

64. Der Schatz des Ablasses jedoch ist zu Recht außerordentlich beliebt, weil er aus Letzten Erste macht.

65. Also ist der Schatz des Evangeliums das Netz, mit dem man einst die Besitzer von Reichtum fing.

66. Der Schatz des Ablasses ist das Netz, mit dem man jetzt den Reichtum von Besitzenden fängt.

67. Der Ablaß, den die Ablaßprediger lautstark als außerordentliche Gnade anpreisen, kann tatsächlich dafür gelten, was das gute Geschäft anbelangt.

68. Doch sind sie, verglichen mit der Gnade Gottes und der Verehrung des Kreuzes, in der Tat ganz geringfügig.

69. Die Bischöfe und Pfarrer sind gehalten, die Kommissare des apostolischen Ablasses mit aller Ehrerbietung zuzulassen.

70. Aber noch mehr sind sie gehalten, Augen und Ohren anzustrengen, daß jene nicht anstelle des päpstlichen Auftrags ihre eigenen Phantastereien predigen.

71. Wer gegen die Wahrheit des apostolischen Ablasses spricht, der sei verworfen und verflucht.
72. Aber wer gegen die Zügellosigkeit und Frechheit der Worte der Ablaßprediger auftritt, der sei gesegnet.
73. Wie der Papst zu Recht seinen Bannstrahl gegen diejenigen schleudert, die hinsichtlich des Ablaßgeschäftes auf mannigfache Weise Betrug ersinnen,
74. So will er viel mehr den Bannstrahl gegen diejenigen schleudern, die unter dem Vorwand des Ablasses auf Betrug hinsichtlich der heiligen Liebe und Wahrheit sinnen.
75. Es ist irrsinnig zu meinen, daß der päpstliche Ablaß mächtig genug sei, einen Menschen loszusprechen, auch wenn er – was ja unmöglich ist – der Gottesgebärerin Gewalt angetan hätte.
76. Wir behaupten dagegen, daß der päpstliche Ablaß auch nicht die geringste läßliche Sünde wegnehmen kann, was deren Schuld betrifft.
77. Wenn es heißt, auch der heilige Petrus könnte, wenn er jetzt Papst wäre, keine größeren Gnaden austeilen, so ist da eine Lästerung des heiligen Petrus und des Papstes.
78. Wir behaupten dagegen, daß dieser wie jeder beliebige Papst größere hat, nämlich das Evangelium, „Geisteskräfte und Gaben, gesund zu machen“ usw., wie es 1.Kor.12 heißt.
79. Es ist Gotteslästerung zu sagen, daß das (in den Kirchen) an hervorragender Stelle errichtete (Ablaß-)Kreuz, das mit dem päpstlichen Wappen versehen ist, dem Kreuz Christi gleichkäme.
80. Bischöfe, Pfarrer und Theologen, die dulden, daß man

dem Volk solche Predigt bietet, werden dafür Rechenschaft ablegen müssen.

81. Diese freche Ablaßpredigt macht es auch gelehrten Männern nicht leicht, das Ansehen des Papstes vor böswilliger Kritik oder sogar vor spitzfindigen Fragen der Laien zu schützen.

82. Zum Beispiel: Warum räumt der Papst nicht das Fegefeuer aus um der heiligsten Liebe und höchsten Not der Seelen willen – als aus einem wirklich triftigen Grund -, da er doch unzählige Seelen loskauft um des unheilvollen Geldes zum Bau einer Kirche willen – als aus einem sehr fadenscheinigen Grund - ?

83. Oder: Warum bleiben die Totenmessen sowie Jahrfeiern für die Verstorbenen bestehen, und warum gibt er (der Papst) nicht die Stiftungen, die dafür gemacht worden sind, zurück oder gestattet ihre Rückgabe, wenn es schon ein Unrecht ist, für die Losgekauften zu beten?

84. Oder: Was ist das für eine neue Frömmigkeit vor Gott und dem Papst, daß sie einem Gottlosen und Feinde erlauben, für sein Geld eine fromme und von Gott geliebte Seele loszukaufen; doch um der eigenen Not dieser frommen und geliebten Seele willen erlösen sie diese nicht aus freigeschenkter Liebe?

85. Oder: Warum werden die kirchlichen Bußsatzungen, die „tatsächlich und durch Nichtgebrauch" an sich längst abgeschafft und tot sind, doch noch immer durch die Gewährung von Ablaß mit Geld abgelöst, als wären sie höchst lebendig?

86. Oder: Warum baut der Papst, der heute reicher ist als der reichste Crassus, nicht die eine Kirche St. Peter lieber von seinem eigenen Geld als dem der armen Gläubigen?

87. Oder: Was erläßt der Papst oder woran gibt er denen Anteil, die durch vollkommene Reue ein Anrecht haben auf völligen Erlaß und völlige Teilhabe?
88. Oder: Was könnte der Kirche Besseres geschehen, als wenn der Papst, wie er es (jetzt) einmal tut, hundertmal am Tage jedem Gläubigen diesen Erlaß und diese Teilhabe zukommen ließe?
89. Wieso sucht der Papst durch den Ablaß das Heil der Seelen mehr als das Geld; warum hebt er früher gewährte Briefe und Ablässe jetzt auf, die doch ebenso wirksam sind?
90. Diese äußerst peinlichen Einwände der Laien nur mit Gewalt zu unterdrücken und nicht durch vernünftige Gegenargumente zu beseitigen heißt, die Kirche und den Papst dem Gelächter der Feinde auszusetzen und die Christenheit unglücklich zu machen.
91. Wenn daher der Ablaß dem Geiste und der Auffassung des Papstes gemäß gepredigt würde, lösten sich diese (Einwände) alle ohne weiteres auf, ja es gäbe sie überhaupt nicht.
92. Darum weg mit allen jenen Propheten, die den Christen predigen: „Friede, Friede", und ist doch kein Friede.
93. Wohl möge es gehen allen Propheten, die den Christen predigen: „Kreuz, Kreuz", und ist doch kein Kreuz.
94. Man soll die Christen ermutigen, daß sie ihrem Haupt Christus durch Strafen, Tod und Hölle nachzufolgen trachten
95. und daß die lieber darauf trauen, durch viele Trübsale ins Himmelreich einzugehen, als sich in falscher geistlicher Sicherheit zu beruhigen.[334]

# LEKTÜREEMPFEHLUNG

## Luthers Schriften

*Annotated Luther*: The 5 vols. Fortress, Minneapolis.

*Vol. 1: The Roots of Reform*. Edited by Timothy J. Wengert, 2015.

*Vol. 2: Word and Faith*. Edited by Kirsi I. Stjerna, 2015.

*Vol. 3: Church and Sacraments*. Edited by Paul W. Robinson, 2016.

*Vol. 4: Pastoral Writings*. Edited by Mary Jane Haemig, 2016.

*Vol. 5: Christian Life in the World*. Edited by Hans J. Hillerbrand. Erscheint im März 2017.

*The Bondage of the Will*, Translated by J.I. Packer and O.R. Johnson, Baker Academic, Grand Rapids, MI, 2012.

*Luther's Works*, 55 vols. Edited by Jaroslav Pelikan and Helmut T. Lehman, Muhlenberg and Fortress, Philadelpia, Concordia, St. Louis, 1955.

*Martin Luther's Basic Theological Writings*. Edited by Timothy F. Lull. Fortress, Minneapolis, 1989.

*Martin Luther's Ninety-Five Theses*. Edited by Stephen J. Nichols, P&R, Phillipsburg, N.J., 2002.

*A Simple Way to Pray*. Translated by Matthew C. Harrison, Concordia, St. Louis 2012.

*Three Treatises*. Fortress, Minneapolis, 1970.

*Martin Luther – Die reformatorischen Grundschriften in vier Bänden*, dtv, München 1983.

### Biografien und Analysen

Roland Bainton, *Martin Luther – Rebell für den Glauben*, Heyne, München 1983.

Tim Dowley, *Der Altas zur Reformation in Europa*, Neukirchner Verlagsgesellschaft, Neukirchen-Vluyn 2016.

Robert W. Godfrey, *Reformation Sketches: Insights into Luther, Calvin, and the Confessions,* P&R, Phillipsburg, N.J., 2003.

Scott H. Hendrix, *Martin Luther: Visionary Reformer,* Yale University Press, New Haven, CT, 2015.

Steven J. Lawson, *Der standhafte Prediger Martin Luther*, 3L, Waldems, 2014.

Bernhard Lohse, *Luthers Theologie in ihrer historischen Entwicklung und in ihrem systematischen Zusammenhang,* Vandenhoeck & Ruprecht, Göttingen 1995.

Stephen J. Nichols, *Martin Luther: A Guided Tour of His Life and Thought,* Crossway, Wheaton, IL, 2002.

Heiko A. Oberman, *Luther: Mensch zwischen Gott und Teufel,* Siedler, Berlin 1982.

Andrew Pettegree, *Brand Luther: How an Unheralded Monk Turned His Small Town into a Center of Publishing, Made himself the Most Famous Man in Europe – and Started the Protestant Reformation,* Penguin, New York 2015.

### Kinderbücher

Paul L. Maier, *Martin Luther: A Man Who Changed the World,* Concordia, St. Louis 2004.

Stephen J. Nichols and Ned Bustard, *Reformation ABCs: The People, Places, and Things of the Reformation – from A to Z,* Crossway, Wheaton, IL, erscheint im März 2017.

R.C. Sproul, *Der Friseur, der das Beten lernen wollte,* 3L Verlag, Waldems 2012.

# MITWIRKENDE

**Dr. David B. Calhoun** ist emeritierter Professor für Kirchengeschichte am Covenant Theological Seminary in St. Louis. Er lehrte früher am Covenant College und an der Columbia International University, diente als Rektor des Jamaica Bible College und war Überseedirektor von Ministries in Action. Er ist der Autor von *The Glory of the Lord Risen upon It*, *Our Southern Zion* und einer zweibändigen Geschichte des Princeton Seminary.

**Dr. Sinclair B. Ferguson** ist Gastprofessor für Systematische Theologie am Westminster Theological Seminary in Philadelphia und einer der Lehrer von Ligonier. Er diente früher als Hauptpastor in der First Presbyterian Church in Columbia, S.C., und als Pastor in der historischen St. George's Tron-Kirche in Glasgow, Schottland. Er ist ein beliebter Redner und Lehrer, sowie Autor von zahlreichen Büchern, inklusive The *Whole Christ*, *In Christ Alone*, *The Holy Spirit* und *The Sermon on the Mount*.

**Dr. W. Robert Godfrey** ist Präsident und Professor für Kirchengeschichte am Westminster Seminary California und einer der Lehrer von Ligonier. Er ist Pastor der United Reformed Church in North America und Ratsmitglied der Alliance of Confessing Evangelicals. Er ist Autor zahlreicher Bücher, inklusive *An Unexpected Journey*, *Reformation Sketches*, *God's Pattern for Creation* und *John Calvin: Pilgrim and Pastor*.

**Dr. Steven J. Lawson** ist Gründer und Präsident von One-Passion Ministries. Er ist ebenfalls Professor für Homiletik und Dekan der Doktoralstudien am The Master's Seminary, Chefredakteur des *Expositor Magazins* und einer der Lehrer von Ligonier. Er diente früher als Hauptpastor der Christ Fellowship Baptist Church in Mobile, Alabama. Er ist Autor von nahezu zwei dutzend Büchern, inklusive *The Passionate Preaching of Martyn Lloyd-Jones, The Kind of Preaching God Blesses* und *Foundations of Grace.*

**Dr. John MacArthur** ist Pastor und Lehrer der Grace Community Church in Sun Valley, Kalifornien, Präsident des The Master's College und Seminary sowie Hauptlehrer des Radioprogramms *Grace to You*. Er hat zahlreiche Bücher geschrieben, inklusive *The Gospel according to Jesus, Charismatic Chaos, Faith Works* und *Ashamed of the Gospel.* Er ist ebenfalls Herausgeber der *MacArthur Studienbibel*, die in mehreren englischen Übersetzungen erhältlich ist sowie in viele andere Sprachen übersetzt wurde.

**Dr. Stephen J. Nichols** ist Präsident des Reformation Bible College in Sanford, Florida, und akademischer Leiter und Lehrer bei Ligonier Ministries. Er diente früher als Forschungsprofessor für Christentum und Kultur am Lancaster Bible College. Er ist Autor mehrerer Bücher, inklusive *For Us and for Our Salvation, Jesus Made in America* und *Heaven on Earth: Capturing Jonathan Edwards's Vision of Living in Between*. Er ist ebenfalls Mit-Redakteur der *Theologians on the Christian Life*-Reihe.

**Dr. R.C. Sproul** ist Gründer und Vorsitzender von Ligonier Ministries, Ko-Pastor der Saint Andrew's Chapel in

Sanford, Florida, Rektor des Reformation Bible College und Chefredakteur des *Tabletalk Magazins*. Er kann im Radioprogramm *Renewing Your Mind* gehört werden, das durch Hunderte von Radiostationen in den Vereinigten Staaten und in der ganzen Welt ausgestrahlt wird. Dr. Sproul ist Autor von mehr als hundert Büchern, inklusive *Die Heiligkeit Gottes*, *Faith Alone* und *Everyone's a Theologian*. Er dient ebenfalls alsGeneralredakteur der *Reformation Study Bible*.

**Dr. Derek W.H. Thomas** ist Hauptpastor der First Presbyterian Church in Columbia, S.C., und Robert Strong Professor für Systematische Theologie und Pastorale Theologie am Reformed Theological Seminary in Atlanta. Er ist ebenfalls einer der Lehrer von Ligonier. Er diente früher in der First Presbyterian Church in Jackson, Mississippi. Er ist Autor einiger Bücher, inklusive *How the Gospel Brings Us All the Way Home*, *Calvin's Teaching on Job*, *Let's Study Galatians* und *Praying the Saviour's Way*.

# ENDNOTEN

1 Martin Luther in einer Predigt am Montag nach Invocavit (1. Fastensonntag); http://www.martinluther.dk/invocav2.html.

2 An Jakob Probst, Januar 1546, *Luther's Works*, Bd. 50: Letters III, eds. Gottfried G. Krodel and Helmut T. Lehmann (Philadelphia: Fortress, 1975), S. 284f. Alle weiteren Verweise zur amerikanischen Ausgabe von Luthers Werken (einschließlich der Angabe des betreffenden Bandes) werden als *LW* abgekürzt.

3 Martin Luther an seine Frau, Halle, den 25. Januar 1546; *LW*, Bd. 50, S.302.

4 Roland Bainton, *Martin Luther – Rebell für den Glauben* (München: Heyne, 1983), S. 31.

5 Bernhard Lohse, *Luthers Theologie in ihrer historischen Entwicklung und ihrem systematischen Zusammenhang* (Göttingen: Vandenhoeck und Ruprecht, 1995), S.49.

6 Agostino Borromeo, „Rom", *The Oxford Encyclopedia of the Reformation*, Bd. 3 (Oxford: Oxford University Press, 1996), S. 448.

7 Es dürfte nicht schwierig sein, hier an Christs Reise über den „Jahrmarkt der Eitelkeiten" aus Bunyans *Pilgerreise* zu denken, obwohl das, was Luther dort sah, weitaus schlimmer war, als das, was Bunyan sich vorstellte.

8 Bainton, *Martin Luther - Rebell für den Glauben*, S. 39.

9 Benjamin B. Warfield, „Studies in Tertullian and Augustine", *The Works of Benjamin B. Warfield*, Bd. 4 (Grand Rapids [MI]: Baker Book House, 1930), S. 130f., 285, 411.

10 Lohse, *Luthers Theologie*, S. 83f.

11 *LW*, Bd. 25, *Lectures on Romans*, ed. Jaroslav Pelikan (St. Louis: Concordia, 1972), S. 261.

12 Martin Luther, „Preface to the Complete Edition of Luther's Latin Writings", *LW*, Bd. 34, *Career of the Reformer IV* (St. Louis: Concordia, 1960), S. 336f. Dieser Text wurde 1545 von Luther geschrieben, als er über seine Bekehrung berichtete.

13 Alexander Dumas, *The Cenci* (New York: P.F. Collier & Son, 1910), S. 362.

14 Bainton, *Martin Luther - Rebell für den Glauben*, S. 65.

15 Ebd., S. 70.

16 Martin Luther, „95 Thesen", *Die reformatorischen Grundschriften in vier Bänden* (München: dtv, 1983), S. 15.

17 Ebd.

18 Interessanterweise übersetzen die gängigsten deutschen Bibelübersetzungen das griechische Verb *metanoeō* mit „Buße tun". Das Wort ist eine Zusammensetzung aus zwei griechischen Wörtern, *meta* (nach) und *noeō (denken, wissen)*; die treffendste Übersetzung lautet daher „umdenken" oder „seinen Sinn ändern". So übersetzt z.B. auch die NGÜ.

19 Martin Luther, „95 Thesen", ebd.

20 Zu den 28 „theologischen" Thesen fügte Luther noch ein dutzend weitere Thesen – eher „philosophischer" Art – hinzu, um Aristoteles zu kritisieren. Eigentlich gab es vierzig Thesen bei der Heidelberger Disputation.

21 Lohse, *Luthers Theologie*, S. 51.

22 Martin Luther, „Heidelberger Disputation", S.31. Den ganzen Text sowie eine aktuelle wissenschaftliche Diskussion der Heidelberger Thesen siehe auch: *The Annotated Luther, Bd. 1: The Roots of Reform*, ed. Timothy J. Wengert (Minneapolis: Fortress, 2015), S. 67-120.

23 David F. Wright, „Martin Bucer", *Biographical Dictionary of Evangelicals*, ed. Timothy Larsen (Downers Grove [Ill.]: InterVarsity Press, 2003), S. 91.

24 Bainton, *Martin Luther - Rebell für den Glauben*, S. 89f.

25 Martin Luther aus dem Vorwort zum ersten Band seiner gesammelten lateinischen Werke; so zitiert bei: Lohse, *Luthers Theologie*, S. 104f.

26 Lohse, *Luthers Theologie*, S. 139.

27 Ebd., S. 140.

28 Griech. *planētēs*, „umherirrend, unstät“ bzw. *planētos* „Wandelstern“; vgl. Judas 1,13.

29 *D. Martin Luthers Werke: kritische Gesamtausgabe (Weimarer Ausgabe), 3 Bd.: Briefwechsel* (Weimar: Verlag Hermann Böhlaus Nachfolger, 1933), S. 81f. Die lateinische und deutsche Ausgabe von Luthers kompletten Werken erstreckt sich mittlerweile auf über 127 Bände und ist als die *Weimarer Ausgabe* bekannt; nachfolgend wird sie als *WA* abgekürzt.

30 Philip Schaff, *History of the Christian Church, Bd. 7: History of the Reformation* (Grand Rapids [MI]: Eerdmans, 1910), S. 193.

31 Schaff, ebd., S. 205.

32 Martin Luther, „An den christlichen Adel deutscher Nationen“ *Die reformatorischen Grundschriften in vier Bänden*, Bd. 2, S. 65.

33 Denis R. Janz, *A Reformation Reader* (Minneapolis: Augsburg Fortress, 1999), S. 91.93.

34 *LW*, Bd. 36, *Word and Sacrament II*, S. 29.

35 *LW*, Bd. 31, *Career of the Reformer I*, S. 343.

36 Janz, *A Reformation Reader*, S. 99f.104.

37 Bainton, *Martin Luther – Rebell für den Glauben*, S. 141.

38 Bainton, ebd.

39 Bainton, ebd., S.156.

40 Schaff, *History of the Christian Church*, Bd. 7, S. 247.

41 Thomas Lindsay, *Martin Luther: The Man Who Started the Reformation* (Ross-Shire [Schottland]: Christian Focus, 2004), S. 91.

42 *The Letters of Martin Luther*, ed. and trans. Margaret A. Currie (London: Macmillan, 1908), S. 98.

43 Bainton, *Martin Luther - Rebell für den Glauben*, S. 184.

44 Ebd., S. 184f.

45 *LW*, Bd. 48, *Letters I*, S. 356.

46 Roland Bainton, *Martin Luther – Rebell für den Glauben*, S. 217.

47 Fred W. Meuser, *Luther the Preacher* (Minneapolis: Augsburg, 1983), S. 39.

48 *LW*, Bd. 54, *Table Talk*, S. 282.

49 Meuser, *Luther the Preacher*, S. 27.

50 Walther von Loewenich, *Luther: The Man and His Word*, trans. Lawrence W. Denef (Minneapolis: Augsburg, 1986), S. 353.

51 Patrick Ferry, „Martin Luther on Preaching: Promises and Problems of the Sermon as a Source of Reformation History and as an instrument of the Reformation", *CTQ* 54, Nr. 4, 1990, S. 266.

52 *LW*, Bd. 33, *Career of the Reformer III*, S. 102.

53 *Luther and Erasmus: Free Will and Salvation*, ed. and trans. E. Gordon Rupp (Louisville [KY]: Westminster John Knox, 1969), S. 57.

54 Zitiert in: R.C. Sproul, *Willing to Believe: The Controversy over Free Will* (Grand Rapids [MI]: Baker, 2002), S. 87.

55 Martin Luther, *The Bondage of the Will*, trans. J.I. Packer and O.R. Johnson (Grand Rapids [MI]: Baker Academic, 1990), S. 57.

56 Ebd., S. 41.

57 Schaff, *History of the Christian Church*, Bd. 7, S. 247.

58 Ebd.

59 Luther, *The Bondage of the Will*, S. 319.

60 *LW*, Bd. 33, *Career of the Reformer III*, S.62.

61 Luther, *The Bondage of the Will*, S. 102.

62 Erasmus; zitiert in: Schaff, *History of the Christian Church*, Bd. 7, S. 445.

63 Ebd., S. 446.

64 Ebd.

65 Ebd., S. 455.

66 Martin Brecht, *Martin Luther, Bd. 1: His Road to Reformation, 1483-1521*, trans. James L. Schaaf (Minneapolis: Fortress, 1985-1993), S. 230.

67 Schaff, *History of the Christian Church*, Bd. 7, S. 503.

68 Ebd.

69 James M. Kittelson, *Luther the Reformer: The Story of the Man and His Career* (Minneapolis: Augsburg, 1986), S. 211.

70 Als Pdf-Datei zum herunterladen unter: https://theologie.unibas.ch/fileadmin/theologie/redaktion/Fachbereiche/Dateien_Ethik/Martin_Luther_-_Ob_man_vor_dem_Sterben_fliehen_moege_1527.pdf

71 Charles Haddon Spurgeon, *The Treasury of David: Spurgeon's Classic Work on the Psalms*, Bd. 2 (Grand Rapids [MI]: Kregel, 1968), S. 380.

72 Charles Haddon Spurgeon, *Die Schatzkammer Davids: Eine Auslegung der Psalmen von C.H. Spurgeon* (Bielefeld: CLV, 2004), S. 659.

73 Spurgeon, *The Treasury of David,* Bd. 2, S.218.

74 Schaff, *History of the Christian Church*, Bd. 7, S. 503.

75 Ebd. S. 502.

76 Rudolph W. Heinze, *Reform and Conflict: From the Medieval World to the Wars of Religion, AD 1350-1648*, Baker History of the Church, ed. Tim Dowley, Bd. 4 (Grand Rapids [MI]: Baker, 2005), S. 106.

77 Schaff, *History of the Christian Church*, Bd. 7, S. 550.

78 *LW*, Bd. 54, S. 50.

79 Ludwig Häusser, *The Period of the Reformation: 1517 to 1648*, ed. Wilhelm Oncken (London: G. Sturge, Straham, 1873), S. 151.

80 *LW*, Bd. 34, S. 285.

81 Ebd., S. 287.

82 Ebd.

83 Ebd.

84 Mark U. Edwards Jr., *Luther's Last Battles: Politics and Polemics 1531-46* (Minneapolis: Fortress, 2005), S. 10.

85 H.G. Haile, *Luther: An Experiment in Biography* (Garden City [N.Y.]: Doubleday, 1980); Edwards, *Luther's Last Battles*; Martin Brecht, *Martin Luther: Die Erhaltung der Kirche, 1532-1546* (Stuttgart: Calwer, 1987).

86 Heiko A. Oberman, *Luther: Mensch zwischen Gott und Teufel* (Berlin: Siedler, 1982), S.342. Obermans Buch ist dem Gedenken an Roland H. Bainton gewidmet, „der die Gaben der profunden Durchdringung und der kräftigen Präsentation verbindet, um Martin Luther für Generationen von Studenten der Reformation auf beiden Seiten des Atlantiks lebendig werden zu lassen". Die Zitate von Luther sind den *LW* oder sekundären Quellen entnommen, wie in den Fußnoten ersichtlich wird. Die Fußnoten dieser sekundären Quellen liefern die Stellen der Zitate aus den verschiedenen deutschen Ausgaben von Luthers Werken.

87 Kittelson, *Luther the Reformer*, S. 241.

88 *LW*, Bd. 54, S. 30. *LW*, Bd. 54, enthält die *Tischreden*, eine Sammlung von Luthers Gesprächen mit den Tischgästen in Luthers Haus, dem ehemaligen Augustinerkloster in Wittenberg. Hier, in seinen ehrlichen, erdverbundenen und oftmals humorigen Kommentaren, sehen wir Luther von seiner besten (und manchmal von seiner schlechtesten) Seite. Die *Tischreden* müssen natürlich mit Vorsicht genossen werden, da sie nicht direkt von Luther geschrieben, sondern von Freunden und Studenten aufgezeichnet wurden. Aber wie Roland Bainton schreibt: „Dieses Material sollte nicht unkritisch verworfen werden. Oftmals sind sie sehr pikant und haben den wahren Klang Luthers"; *Studies on the Reformation* (Boston: Beacon, 1963), S. 99. Luthers *Tischreden* sind besonders für dieses Kapitel wichtig, da sie von dem alten Luther (1531-44) stammen.

89 Bainton, *Martin Luther - Rebell für den Glauben*, S. 395.

90 Ebd., S. 405.

91 Martin Brecht, *Die Erhaltung der Kirche,* S. 10. Brechts erste beiden Bände lauten: *Martin Luther: Sein Weg zur Reformation, 1483-1521* (1985), und: *Martin Luther: Ordnung und Abgrenzung der Reformation, 1521-1532* (1986).

92 Brecht, ebd.

93 Bainton, *Martin Luther – Rebell für den Glauben*, S. 298.

94 *LW*, Bd. 54, S. 20.

95 Haile, *Luther*, S. 259.

96 Brecht, *Die Erhaltung der Kirche*, S. 235.

97 *LW*, Bd. 54, S. 8.

98 Brecht, *Die Erhaltung der Kirche*, S. 236.

99 Haile, *Luther*, S. 90f.

100 Siehe Roland Bainton, „Luther on Birds, Dogs and Babies", *Studies on the Reformation*, S. 67-74.

101 Haile, *Luther*, S. 264.

102 Ebd., S. 262.

103 Ebd., S. 219.

104 *LW*, Bd. 43, *Devotional Writings II*, ed. Gustav. K. Wiencke (Philadelphia: Fortress, 1968), S. 173.

105 Ebd., S. 297f.

106 *Martin Luther's Basic Theological Writings*, ed. Timothy F. Lull (Minneapolis: Fortress, 1989), S. XVII.

107 Martin Luther, *Word and Sacrament*, Bd. 38, S. 11-21, zitiert in: Haile, *Luther*, S. 209.

108 Martin Luther, „Schmalkaldischen Artikel", *The Book of Concord: The Confessions of the Evangelical Lutheran Church*, ed. and trans. Theodore G. Tappert (Philadelphia: Fortress, 1959), S. 289.

109 *LW*, Bd. 44, S. 165.

110 *LW*, Bd. 54, S. 22f.

111 Ebd., S. 165.

112 Oberman, *Luther: Mensch zwischen Gott und Teufel*, S. 316.

113 Bainton, *Martin Luther - Rebell für den Glauben*, S. 340.

114 *Martin Luther's Basic Theological Writings*, S. 119.

115 Oberman, *Luther: Mensch zwischen Gott und Teufel*, S. 184.

116 Ebd., S. 176. Oberman schreibt weiter (ebd.): „Das vorherrschende Interesse am jungen Luther sowie ihre komplexe Überlieferungsgeschichte haben diese Vorlesung nahezu unbekannt werden lassen, obwohl sie es verdient, geradezu als Einführung in Luthers Glaubenswelt benutzt zu werden". Und Martin Brecht, *Die Erhaltung der Kirche*, S. 139, schreibt über Luthers Vorlesungen zur Genesis: „Fraglos ist diese große Vorlesung ein monumentales Dokument von Luthers Alterstheologie, in dem sich zugleich seine Partizipation an den Entwicklungen, Problemen und Auseinandersetzungen seines letzten Lebensjahrzehnts spiegelt".

117 *LW*, Bd. 54, S. 289.

118 Ebd., S. 409.

119 Ebd., S. 428.

120 Luther „war ein kräftiger Verteidiger des weiblichen Geschlechts in einer Welt, in der beleidigende Bemerkungen in Mode waren"; Haile, *Luther*, S. 270.

121 *LW*, Bd. 54, S. 206.

122 Ebd., S. 235f.

123 Bainton, *Martin Luther - Rebell für den Glauben*, S. 387.

124 Zitiert in: Brecht, *Die Erhaltung der Kirche*, S. 263.

125 *LW*, Bd. 54, S. 158.

126 Ebd., S. 73f.

127 Ebd., S. 213.

128 Ebd., S. 75.

129 Ebd., S. 393.

130 Ebd., S. 292.

131 Timothey Keller, *Beten: Dem heiligen Gott nahekommen* (Gießen: Brunnen, 2014), S. 107.

132 *LW*, Bd. 43, S. 247, 249.

133 Haile, *Luther*, S. 53.

134 Zitiert in: *Martin Luther's Basic Theological Writings*, S. 409.

135 *LW*, Bd. 54, S. 272.

136 Jaroslav Pelikan, *The Melody of Theology: A Philosophical Dictionary* (Cambridge: Harvard University Press, 1988), S. 157.

137 Luther, „Smalcald Articles", *The Book of Concord* (1559), S. 315.

138 *Martin Luther's Basic Theological Writings*, S. XIII.

139 *LW*, Bd. 54, S. 84.

140 Ebd., S. 93.

141 Edwards, *Luther's Last Battles*, S. 6.

142 Haile, *Luther*, S. 161.

143 Clyde Manschreck, *Melanchthon: The Quiet Reformer* (New York: Abingdon, 1958), S. 275.

144 Haile, *Luther*, S. 164.

145 Edwards, *Luther's Last Battles*, S. 143, 162.

146 Ebd., S. 152.

147 Kittelson, *Luther the Reformer*, S. 259.

148 Eric W. Gritsch, *Martin: God's Court Jester: Luther in Retrospect* (Philadelphia: Fortress, 1983), S. 82.

149 *LW*, Bd. 54, S. 470.

150 Zitiert bei Edwards, *Luther's Last Battles*, S. 155.

151 *LW*, Bd. 33, S. 19.

152 Edwards, *Luther's Last Battles*, S. 163.

153 *LW*, Bd. 43, S. 219, 241.

154 Edwards, *Luther's Last Battles*, S. 98.

155 Ebd., S. 122.

156 *LW*, Bd. 54, S. 340.

157 Ebd., S. 426.

158 Gritsch, *Martin: God's Court Jester*, S. 83.

159 LW, Bd. 54, S. 311.

160 Ebd., S. 440.

161 Brecht, *Die Erhaltung der Kirche*, S. 144.

162 Haile, *Luther*, S. 101.

163 *LW*, Bd. 54, S. 111.

164 Oberman, *Luther: Mensch zwischen Gott und Teufel*, S. 55.

165 *LW*, Bd. 54, S. 186.

166 Ebd., S. 402.

167 Gritsch, *Martin: God's Court Jester*, S. 82.

168 *LW*, Bd. 54, S. 405.

169 Haile, *Luther*, S. 185.

170 *LW*, Bd. 34, S. 338.

171 *LW*, Bd. 54, S. 96.

172 Haile, *Luther*, S. 188.

173 Oberman, *Luther: Mensch zwischen Gott und Teufel*, S. 79.

174 Haile, *Luther*, 217.

175 Ebd., S. 302.
176 Ebd.

177 *What Luther Says*, Bd. 3, S. 1541.

178 Ebd., S. 1542

179 Haile, *Luther*, S. 300.

180 Oberman, *Luther: Mensch zwischen Gott und Teufel*, S. 322.

181 Luthers acht Monate alte Tochter Elisabeth verstarb am 3. August 1528.

182 *LW*, Bd. 54, S. 432f.

183 Brecht, *Die Erhaltung der Kirche*, S. 146.

184 Martin Luther, „Die Konzile und die Kirche",*Klassiker des Protestantismus, Bd. 2: Der Glaube der Reformatoren: Luther, Zwingli, Calvin* (Bremen: Carl Schünemann Verlag, 1964), S. 225.

185 Oberman, *Luther: Mensch zwischen Gott und Teufel*, S.280.

186 Ebd., S.283.

187 *LW*, Bd. 54, S. 255.

188 Ebd., S. 351.

189 Ebd., S. 83.

190 Ebd., S. 281.

191 Ebd., S. 448.

192 Haile, *Luther*, S. 321.

193 Ebd., S. 324.

194 Edwards, *Luther's Last Battles*, S. 201.

195 *What Luther Says*, Bd. 3, S. 1545.

196 Oberman, *Luther: Mensch zwischen Gott und Teufel*, S. 175.

197 Gritsch, *Martin: God's Court Jester*, S. 75.
198 Oberman, *Luther: Mensch zwischen Gott und Teufel*, S.11.

199 Ebd., S. 344.

200 Zitiert bei Oberman, *Luther: Mensch zwischen Gott und Teufel*, S. 200.

201 *The Catechism of the Catholic Church* (San Francisco: Ignatius, 1994), S. 370.

202 Epheser 4,22.24.

203 *LW*, Bd. 54, S. 110.

204 *The Complete Sermons of Martin Luther*, ed. John N. Lenker, trans. S.E. Ochsenford, Bd. 2 (Grand Rapids [MI]: Baker, 2000), S. 25.

205 Martin Luther, „Die 95 Thesen", *Die reformatorischen Grundschriften in vier Bänden*, Bd. 1 (München: dtv, 1983), S. 15.

206 Paradoxerweise war dies, betrachtet man Luthers späteren Konflikt mit

Erasmus (1469-1536), nur möglich, weil Letzterer 1516 seine Ausgabe des griechischen Testaments veröffentlicht hatte.

207 Dieser Ausdruck wird insbesondere mit Gabriel Biel (1420-95) in Verbindung gebracht.

208 Luther hat eine besondere Passage zu diesem Ausdruck in seiner Diskussion über Galater 2,20. Siehe Martin Luther, *Commentary on St. Paul's Epistle to the Galatians*, trans. Philip S. Watson (London 1953: James Clark, S. 174). Der Ausdruck ist möglicherweise der Vorläufer zum bekannten Sprichwort: „Hilf dir selbst, so hilft dir Gott".

209 Siehe Luthers Kommentar in: *Luther: Lectures on Romans*, ed. and trans. Wilhelm Pauck, Library of Christian Classics, Bd. 15 (London: S.C.M., 1961), S. 159.225.

210 Möglicherweise hat Calvin – angesichts dieser Kritik – in seiner späteren *Institutio* Heiligung und das christliche Leben ausgelegt, *bevor* er die Rechtfertigung behandelte. Beide sind in Christus vereinigt und deshalb untrennbar miteinander verbunden und können nicht voneinander getrennt werden. Deshalb kann Rechtfertigung aus Gnade *durch Glauben alleine* nicht der Gesetzlosigkeit beschuldigt werden. Siehe Calvin, *Institutio*, III.

211 Römer 11,6.

212 *LW*, Bd. 54, S. 339f.

213 Martin Luther, The Bondage of the Will, trans. J.I. Packer and O.R. Johnston (London: James Clark, 1957), S. 313f.

214 *LW*, Bd. 54, S. 308f.

215 Man vergleiche Paulus' Lehre in Römer 5,1-11 über die innere Logik des Evangeliums in Beziehung zur Sicherheit, die es bietet.

216 *LW*, Bd. 54, S. 97.

217 Zweifellos auch Calvins Buch *Von der ewigen Vorherbestimmung Gottes.*

218 Das hilft uns zu verstehen, warum Luther dahin tendierte, das Gesetz – neben der Sünde, Satan und dem Tod –, als unseren Feind zu klassifizieren. Er sah, dass es nicht bewirken kann, was es fordert, und uns deshalb verdammt. In diesem Sinne wurde Jesus selbst, als er das Gesetz gebrauchte, um die Frage des

Schriftgelehrten zu beantworten (Lukas 10,27-37), zu einem „unfreundlichen und ungnädigen Mann". Dies wird für Luther durch die Tatsache ausgeglichen, dass „der Samariter natürlich unser Herr Jesus Christus selbst ist"; *Complete Sermons of Martin Luther*, 3.1, 3,27.

219 Luther, *The Bondage of the Will*, S. 305f.

220 Ebd., S. 225.

221 *Luther: Lectures on Romans*, XV:3.

222 Luthers Kommentar über die Reichweite der Versöhnung stimmt damit überein: „Christus starb nicht absolut für alle"; Siehe *Luther: Lectures on Romans*, XV:252.

223 Aus Luthers Kirchenlied „Aus tiefer Not schrei ich zu dir".

224 Römer 4,24-25.

225 Dies bezieht sich auf eine Zeile des bekannten englischen Liedes *Amazing Grace* von John Newton. Im Original heißt es: „... the hour I first believed"; die deutsche Übersetzung folgt nicht Wort für Wort dem englischen Original [Anmerkung des Hrsg.].

226 An dieser Stelle ist es angebracht, darauf hinzuweisen, dass die Ansicht, die oft mit der Neuen Paulusperspektive in Verbindung gebracht wird, nämlich, dass „die Werke des Gesetzes" bei Paulus sich auf jüdische „Grenzmarkierungen" des Zeremonialgesetzes beziehen, beileibe keine neue Sichtweise ist. Luther war sich ihrer Herkunft bewusst, die sich in seinen Tagen bis hin zu seinen Zeitgenossen Erasmus und Hieronymus erstreckte. Dies ist für uns ein sicherer Indikator dafür, dass Luther, als er die Sichtweise Paulus übernahm, dass sich „die Werke des Gesetzes" auf die Gesamtheit beziehen (d.h. inklusive des „moralischen" Gesetzes der Zehn Gebote), kein ärmlich ausgestatteter Exeget des sechzehnten Jahrhunderts war, der keine Alternativen kannte. Vielmehr hat er ganz speziell diese Sichtweise verworfen, die sich gerade unter den zeitgenössischen Gelehrten hoher Beliebtheit erfreut. Siehe z.B. *The Bondage of the Will*, S. 284: „Es ist nicht wahr, dass Paulus hier nur von den zeremoniellen Werken spricht."

227 Siehe insbesondere These 43-46.

228 Siehe Oberman, *Luther: Mensch zwischen Gott und Teufel*, S. 82. Luther bezieht

sich hier wahrscheinlich auf die Tatsache, dass all diejenigen, die man „Doktoren der Kirche“ genannt hatte, lateinische Spitznamen erhielten. Deshalb war Thomas von Aquin bekannt als *Doctor Angelicus* (der engelhafte Doktor), Alexander von Hales als *Doctor Irrefragibilis* (der unwiderlegbare Doktor) usw.

229 Die Anspielung bezieht sich klar auf die Idee des *fides caritate formata*, so dass die Person im Wesentlichen auf der Basis ihrer perfekten Liebe zu Gott (= Gerechtigkeit) gerechtfertigt ist, die in ihr gewirkt worden ist.

230 Luther, *Commentary on St. Paul's Epistle to the Galatians*, S. 465.

231 „Traktat von der christlichen Freiheit“, in: *Martin Luther, Die reformatorischen Grundschriften in vier Bänden*, Bd. 4, (München: dtv, 1983), S. 19f.

232 Ebd., S. 9.

233 Luther, *Commentary on St Paul's Epistle to the Galatians*, S. 166f.

234 In Römer 7,1-4 gebraucht Paulus die Analogie des Todes des Ehemanns und die Konsequenzen, die sich daraus für die Ehefrau ergeben, die nun „vom Gesetz frei ist“ (V.3) und deshalb die Freiheit hat, jemand anderen zu heiraten, ohne dass sie vom Gesetz als Ehebrecherin verdammt wird. In seiner Anwendung der Analogie für den Gläubigen unterstreicht Luther jedoch, dass es der Gläubige ist, der starb, und nicht das Gesetz.

235 Für Luther hatte das Gesetz immer die Liebe im Blick: „Wenn wir die Gesetze des Mose studieren, dann sehen wir, dass sie alle von Liebe handeln“; *Complete Sermons of Martin Luther*, 3.1, 21.

236 Allen voran Gustav Aulen in seinem Werk *Christus Victor* (London: S.P.C.K., 1931).

237 Ein Punkt, der sehr gut herauskommt bei Oberman, *Luther: Mensch zwischen Gott und Teufel*, S. 109f.: „Alles gerät jedoch schief und wird apologetisch fehlprogrammiert, wenn diese Teufelsvorstellung als Zeiterscheinung ausgemerzt und nur Luthers Christusglaube als bleibend herausgehoben wird. Christus und der Teufel sind für ihn gleich wirklich … Es gibt keinen Zugang zu Luthers Glaubenserfahrung, wenn man diese Situation der christlichen Existenz zwischen Gott und Teufel nicht wahrnimmt. Ohne das Wissen um die Macht des Satans wird der Christusglaube zur Christusidee – und Luthers Glaube zum zeitbedingten wirren Wahn“.

238 *Evangelisches Gesangbuch*, Ausgabe für die Evangelisch-reformierte Kirche

(Verlagsgemeinschaft: Gütersloh: Gütersloher Verlagshaus; Bielefeld: Luther-Verlag GmbH; Neukirchen-Vluyn: Neukirchener Verlag des Erziehungsvereins GmbH, 1996), Lied Nr. 362.

239 *LW*, Bd. 1, S. 148, Hervorhebung vom Autor.

240 Römer 1,25.

241 1.Johannes 5,19.

242 *LW*, Bd. 1, S. 148.

243 *LW*, Bd. 54, S. 105. Festgehalten von Viet Dietrich, der als Student mit Luther unterwegs war, als sein Schreibgehilfe fungierte und ihn sowohl zum Marburger Religionsgespräch im Jahre 1529 begleitete als auch ein Jahr später zum Reichstag in Augsburg.

244 Eine ständig wiederkehrende Bemerkung bei Luther. Siehe z.B. *Luther: Lectures on Romans*, S. 127f.; 322.

245 *LW*, Bd. 54, S. 127.

246 Für zahlreiche Hinweise zu diesem Prinzip bei Luther siehe Walter von Loewenich, *Luthers Theologia Crucis*, 5. Aufl. (Witten: Luther-Verlag, 1967).

247 Luther, *Commentary on St Paul's Epistle to the Galatians*, S. 558.

248 Ebd., S. 559.

249 *Complete Sermons of Martin Luther*, 1.2, S. 373.

250 WA, 176.6f, zitiert bei Oberman, *Luther: Mensch zwischen Gott und Teufel*, S. 326.

251 Martin Luther, „Die 95 Thesen“, S. 18.

252 „Sermons on the First Epistle of St. Peter“, *LW*, Bd. 30, S. 13.

253 Martin Luther, „Luthers Katechismen“, *Klassiker des Protestantismus, Bd. 2: Der Glaube der Reformatoren: Luther, Zwingli, Calvin* (Bremen: Carl Schünemann Verlag, 1964), S. 197f.

254 Ebd., S. 217.

255 Für eine umfassende Diskussion einiger dieser Themen siehe W. Robert Godfrey, „The Spiritual Vitality of Martin Luther" *The Divine Four* (London: The Westminster Conference, 1996), S. 7-26.

256 *LW*,Bd. 24, *Sermons on the Gospel of St. John, Chapters 14-16*, ed. Jaroslav Pelikan (St. Louis: Concordia, 1961), S. 60.

257 „Against the Heavenly Prophets in the Matter of Images and Sacraments", *LW*, Bd. 40, S. 146.

258 *WA*, 10 III:349, *LW*, Bd. 51, S. 114; zitiert in: Paul Althaus, *The Theology of Martin Luther*, trans. Robert C. Schultz (Philadelphia: Fortress, 1975), S. 193n30.

259 *LW*, Bd. 26, S. 126.

260 *LW*, Bd. 3, S. 222f.

261 *LW*, Bd. 26, S. 316.

262 *LW*, Bd. 27, S. 56.

263 *LW*, Bd. 23, *Sermons on the Gospel of St. John Chapters 6-8*, ed. Jaroslav Pelikan (St. Louis: Concordia, 1959), S. 272.

264 *LW*, Bd. 30, S. 45.

265 Martin Luther, *Großer Katechismus – in heutiges Deutsch übertragen von Detlef Lehmann*, Sola-Gratia Verlag, Berlin 2014, S. 76.

266 *WABr*, Bd. 3, S. 379, zitiert in: Mark U. Edwards Jr., *Luther and the False Brethren* (Stanford California: Stanford University Press, 1975), S. 96.

267 *WABr*, Bd. 3, S. 404-5, zitiert in: Edwards, *Luther and the False Brethren*, S. 97.

268 Luther, *Großer Katechismus*, S. 100.

269 Ebd., S. 105.

270 Ebd.

271 „Concerning Rebaptism", *LW*, Bd. 40, S. 252.

272 Luther, *Großer Katechismus*, S. 113f.

273 Ebd., S. 115.

274 Ebd.

275 Ebd., S. 116. Die Sprache Luthers ähnelt in erstaunlicher Weise der Calvins in seiner *Institutio*, IV,17,32: „In seinem heiligen Abendmahl gebietet er mir, unter den Merkzeichen von Brot und Wein seinen Leib und sein Blut zu empfangen, zu essen und zu trinken. So zweifle ich denn nicht daran, daß er sie mir in Wahrheit darreicht und ich sie in Wahrheit empfange." Und *Institutio*, IV,17,33: „Und das ist die Unverkürztheit des Sakraments, die die ganze Welt nicht zu verletzen vermag: Daß Christi Fleisch und Blut den Unwürdigen nicht weniger wahrhaft gegeben wird als den auserwählten Gläubigen Gottes. Zugleich aber ist doch auch dies wahr: Wie der Regen, der auf einen harten Felsen niederströmt, sich verläuft, weil ihm kein Weg offensteht, um in das Gestein einzudringen, so stoßen die Gottlosen in ihrer Härtigkeit die Gnade Gottes von sich, sodaß sie nicht zu ihnen dringt".

276 Zitiert in: Köstlin, *The Theology of Luther*, Bd. 2, S. 300.

277 *LW*, Bd. 30, S. 6.

278 *LW*, Bd. 41, S. 52.

279 Martin Luther, „Die Konzile und die Kirchen", *Klassiker des Protestantismus, Bd. 2: Der Glaube der Reformatoren: Luther, Zwingli, Calvin* (Bremen: Carl Schünemann Verlag, 1964), S.223f.

280 Ebd., S.223.

281 Ebd.

282 Ebd., S. 224.

283 Ebd.

284 Ebd.

285 Ebd., S. 224f.

286 Ebd., S. 225.

287 *LW*, Bd. 39, S. 305-14.

288 Martin Luther, „Die Konzile und die Kirchen", *Klassiker des Protestantismus*, S.224-225.

289 Ebd., S. 225.

290 *LW*, Bd. 41, S. 165f.

291 *LW*, Bd. 41, S. 166.

292 Martin Luther, „Die Konzile und die Kirchen", *Klassiker des Protestantismus*, S.219-220.

293 *LW*, Bd. 41, S. 147.

294 *LW*, Bd. 30, S. 28.

295 Ebd., Bd. 30, S. 47.

296 *LW*, Bd. 41, S. 127f.

297 Ebd., Bd. 41, S. 167f.

298 *LW*, Bd. 51, S. 390f.

299 Harold J. Grimm, „The Human Element in Luther's Sermons," *Archiv für Reformationsgeschichte*, 49 (1958), S. 50.

300 *WA*, 51:517; zitiert von: Fred W. Meuser, „Luther as Preacher of the Word of God", *The Cambridge Companion to Martin Luther*, S. 136. Siehe auch Meusers Arbeit: *Luther the Preacher*, S. 11.

301 Siehe Kapitel 1 des Zweiten Helvetischen Bekenntnisses: „Wenn also heute dieses Wort Gottes durch rechtmäßig berufene Prediger in der Kirche verkündigt wird, glauben wir, dass Gottes Wort selbst verkündigt und von den Gläubigen vernommen werde …" Gelehrte haben viel Wirbel um die Bekräftigung gemacht, dass in der Predigt Gottes Wort *selbst* verkündigt wird. Heiko A. Oberman sieht es in Verbindung mit Luthers Sichtweise von der „Realpräsenz" beim Abendmahl, und David Steinmetz betrachtet die Predigt als Luthers „drittes Sakrament"; siehe Heiko A. Oberman, „The Preaching of the Word of God in the Reformation", *Harvard Divinity Bulletin* 25 (October 1960), S. 16;

David C. Steinmetz, *Luther in Context*, 2nd ed. (Grand Rapids [MI]: Baker Academic, 2002), S. 134.

302 Bruno Jordan, „Die Auferstehung Christi von den Toten in Luthers Osterpredigten", *Luther: Mitteilungen der Luthergesellschaft* 1995, S. 13; zitiert bei: Meuser, *Luther the Preacher*, S. 12.

303 *WA*, Bd. 5, S. 537, zitiert bei: Arthur Skevington Wood, *Captive to the Word: Martin Luther, Doctor of Sacred Scripture* (Grand Rapids [MI]: Eerdmans, 1969), S. 90.

304 Hughes Oliphant Old, *The Reading and Preaching of the Scriptures in the Worship of the Christian Church, Bd. 4: The Age of the Reformation*, (Grand Rapids [MI]: Eerdmans, 2002), S. 1.

305 Ebd.

306 Gary J. Williams, *Silent Witnesses: Lessons on Theology, Life, and the Church from Christians of the Past* (Edinburgh: Banner of Truth, 2013), S. 190. Siehe insbesondere das Kapitel: „Preaching the Word: Martin Luther (1483-1546)", S. 189-203.

307 „Martin Luther", *The Collected Shorter Writings of J.I. Packer, Bd. 4: Honouring the People of God* (Carlisle[PA]: Paternoster, 1999), S. 12. Siehe ebenfalls: *The Complete Sermons of Martin Luther.*

308 Richard Lischer, Vorwort zu: *Faith and Freedom: An Invitation to the Writings of Martin Luther*, eds. John F. Thornton and Susan B. Varenne (New York: Random House, 2002), S. XXIV.

309 Etwas umstritten macht Gary Williams positiv auf Luthers christologische Lesung von Psalm 69 aufmerksam, indem er vorschlägt, dass wir innehalten sollten, um darüber nachzudenken, was Luther über die Überbetonung der grammatisch-historischen Exegese oder der einfachen Lesung der Schrift unserer Tage denkt; Williams, *Silent Witnesses*, S. 190f.

310 William Perkins, *Die Fähigkeit des prophetischen Redens* (Waldems: 3L Verlag, 2011), S. 29.

311 Oberman, *Luther: Mensch zwischen Gott und Teufel*, S. 238.

312 Meuser, „Luther as Preacher of the Word of God", S. 144.

313 Ebd.

314 Für eine präzise Zusammenfassung von Luthers zentralen Gedanken siehe Carl R. Trueman, *Luther's Legacy: Salvation and English Reformers 1525-1556* (Oxford [England]: Clarendon, 1994), S. 54-80; Steven Paulson, *Luther for Armchair Theologians* (Louisville [KY]: Westminster John Knox, 2004); Markus Wriedt, „Luther's Theology", trans. Katarina Gustavs, *The Cambridge Companion to Martin Luther*, ed. by Donald K. McKim (Cambridge: Cambridge University Press, 2003), S. 86-119.

315 Old, *The Reading and Preaching of the Scriptures*, Bd. 4, S. 5f.

316 *Wabr*, 3:3421. Zitiert bei: Meuser, „Luther as Preacher of the Word of God", S. 144-45. Eine etwas andere Wiedergabe dieses Zitats findet sich bei Wiliams, *Silent Witnesses*, S. 194.

317 Old vermutet, dass er Aristoteles und sogar Augustinus zugunsten von Quintilian, vermied; *The Reading and Preaching of the Scriptures*, S. 6.

318 Williams, *Silent Witnesses*, S. 195.

319 Hugh T. Kerr, *A Compend of Luther's Theology* (Whitefish [Montana]: Kessinger Publishing, 2010), S. 148.

320 Meuser, *Luther the Preacher*, S. 43.

321 John Piper, Überwältigt von Gnade – Aurelius Augustinus, Martin Luther, Johannes Calvin (Bielefeld: CLV, 2006), S. 138.

322 Die Predigt kann hier online eingesehen werden: http://www.glaubensstimme.de/doku.php?id=autoren:l:luther:p:luther-luk._21_25-36 (abgerufen am 09.11.16).

323 *WABr*, Bd. 53, S. 218. Zitiert bei: Meuser, „Luther as Preacher of the Word of God", S. 141.

324 Etwa vergleichbar mit dem, was wir heute Konfirmation oder biblischen Unterricht nennen würden.

325 Old, *The Reading and Preaching of the Scriptures*, S. 18f.

326 Zitiert bei Meuser, „Luther the Preacher of the Word of God", S. 146.

327 Aus der 32. Predigt über das Johannesevangelium, gepredigt am 7. September 1538. *WA*, Bd. 22, S. 372.

328 Ebd., S. 372f.

329 Ernest G. Schwiebert, *Luther and His Times: The Reformation from a New Perspective* (St. Louis: Concordia, 1950), S. 309.

330 E. Gordon Rupp, *Luther's Progress to the Diet of Worms* (New York: Harper & Row, 1964), S. 52.

331 *LW*, Bd. 51, S. 390-91.

332 *What Luther Says*, S. 1084.

333 Ebd., S. 1118.

334 Dieser Text wird mit freundlicher Genehmigung des Seitenbetreibers www.luther.de abgedruckt.

**Bestellanschrift:**

3L Verlag GmbH
Auf der Lind 9

65529 Waldems

Telefon: +49 (0)6126-2246830
Telefax: +49 (0)6126-2246896
E-Mail: info@3Lverlag.de
www.3Lverlag.de